... Visons l'inconditionnel

Novembre '92

Les Sessions

L'Âme soeur

RAMTHA

Les SessionS

L'Âme sœur

Traduit de l'anglais par
Marguerite Reavis

Données de catalogage avant publication (Canada)

Ramtha, the enlightened one (Esprit)

Les sessions : l'âme sœur
Traduction de : Ramtha intensive.

ISBN 2-920083-56-2

1. Écrits spirites. I. Titre.

BF1301.R234714 1991   133.9'3   C91-096875-6

Conception graphique : Duchamp Studio

Illustration de
la couverture : Ron Cardinal

Titre original : *Ramtha Intensive: Soulmates*
                edited by Steven Lee Weinberg, Ph.D.
                Carol Wright, John Clancy, and Pavel Mikoloski

Copyright © 1987 by Sovereignty, Inc.
            ISBN 0932201-76-8

Copyright © pour la traduction française,
            Éditions du Roseau, 1991

ISBN: 2-920083-56-2

Dépôt légal : 4e trimestre 1991
               Bibliothèque nationale du Québec
               Bibliothèque nationale du Canada

Distribution : Diffusion Raffin
                7870, Fleuricourt
                St-Léonard (Québec)
                H1R 2L3

Communiquant par l'entremise de J.Z. Knight qui lui sert de « channel », Ramtha a tenu plus de 300 audiences publiques depuis 1978 afin d'éveiller les « dieux plongés dans le rêve appelé Humanité ». Les audiences tenues avant 1985, appelées *Dialogues*, étaient caractérisées par une série de questions et réponses.

En 1985, Ramtha débuta une série de « *Sessions* » destinées à développer et à approfondir ses enseignements. Chaque volume de cette série présente la transcription d'une session et est complété par des textes choisis de la bibliothèque de Sovereignty.

Note

L'objectif de ce livre est d'informer et d'instruire. L'auteur et les éditeurs ne reconnaissent aucune obligation ou responsabilité face à toute personne qui subirait quelque perte ou dommage résultant, directement ou indirectement, de l'information contenue dans cet ouvrage.

Pour plus d'information

Pour de plus amples informations concernant les enseignements de Ramtha, disponibles sous forme de livres ou d'enregistrements audio et vidéo, veuillez contacter :

Ramtha Dialogues
P.O. Box 1210
Yelm, WA 98597 U.S.A.

Vous êtes ici, aujourd'hui, pour apprendre à être
Dieu et pour permettre à l'âme sœur de votre être
de percevoir la beauté de la vie illimitée.

Ici vous apprendrez à vous éveiller - ensemble.

Vendredi, 10 janvier 1986
Session du matin

Ramtha, assis sur l'estrade, observe les personnes qui, une à une, entrent et vont s'asseoir. Il est vêtu d'un ensemble sport blanc dont le haut est serti de pierres du Rhin. Quand l'auditoire est au complet, Ramtha soulève son verre d'eau citronnée, se lève et s'avance.

Ramtha (levant son verre) : À l'eau amère. Que débute la dissolution de la pensée limitée qui *empêche* l'avènement de la connaissance ! Cette eau représente la purification à la fois du corps et de l'esprit. *(Levant son verre encore plus haut et portant un toast.)* À la Vie !

L'auditoire : À la Vie !

Ramtha (après avoir vidé son verre et l'avoir placé sur le coin de la table) : Vous allez boire beaucoup au cours de cette session. Qu'il en soit ainsi !

Je suis l'*extraordinaire* Ramtha et je suis heureux de vous voir aujourd'hui dans cette merveilleuse assemblée.

(Posant dans l'ensemble que porte J.Z. à l'amusement de tous.) Dans le vent, hein ? On appelle ça des brillants et, je... brille ! Enfin, ça changera peut-être la façon dont vous imaginez les anges.

(Après avoir examiné l'auditoire.) Vous êtes une merveilleuse assemblée, une mosaïque d'entités toutes là pour des raisons différentes. Certains parmi vous sont venus pour trouver l'âme sœur. Hum ! D'autres sont ici par curiosité. Hum ! Puis il y en a d'autres qui veulent recevoir beaucoup mais ne sont pas prêts à donner en retour. Enfin, plusieurs ont assisté à la précédente session sur l'âme sœur et veulent en savoir plus.

Eh bien, cette session *sera* différente car le moment est différent, le « présent » est différent. Malheureusement vous serez peu à réaliser cette connaissance dans vos vies. Ceci dit, si j'emploie assez de mots et de « messagers », vous parviendrez tôt ou tard à briser vos barrières d'ignorance. Alors cette connaissance sublime deviendra la conscience de votre présent.

Donc, vous êtes telle une mosaïque. Vous êtes les éléments composant le « drame humain », la condition humaine de ce plan. Chacun de vous est vraiment un dieu sublime, *sublime.* La plupart d'entre vous ne le saisissent pas encore très bien mais éventuellement, à force d'expériences, vous comprendrez ce que veulent dire « présence divine » et « Dieu Je Suis » ainsi que la signification de la vie d'un christ.

Vous évoluez tous, en effet, mais très *len-te-ment* parce que vous vous accrochez à vos mécanismes de pensée. Les connaissez-vous ? Ce sont vos maladies, vos peurs, vos insécurités, vos dogmes, vos idéaux, vos jugements. Et vous y tenez ! Pourquoi ? Parce qu'ils vous fournissent une identité. Vous pensez que sans eux vous ne sauriez plus qui vous êtes. Eh bien, ce que je vous enseigne, et qui du reste vous est enseigné depuis des millénaires, a pour but de détruire les barrières créées par vos mécanismes de pensée et de vous permettre de mettre en branle la puissance qui dort en vous. Ces mots n'auront pas vraiment de sens tant que ce pouvoir ne se sera pas éveillé. Mais en abandonnant vos vieilles croyances, en vous dépouillant des couches successives de votre moi limité, vous parviendrez à un état de grâce au sein duquel cette connaissance prendra tout son sens.

À chaque instant de cette audience, je vous dépouille de vos croyances limitées, l'une après l'autre. Avec elles, votre identité limitée disparaît aussi, petit à petit. Tant que vous êtes enlisés dans vos limitations, vous êtes certes un lourd fardeau à porter. *(Sur le ton de la plaisanterie.)* Vous êtes une masse intolérable ! Mais plus vous connaîtrez qui vous êtes vraiment, plus lumineuse sera votre présence sur ce plan et plus vite vous connaîtrez la Supraconscience — le dénouement du drame humain, la fin des limitations qui vous ont porté atteinte depuis si longtemps et l'avènement de votre moi illimité.

Et maintenant, l'âme sœur ! Vous êtes ici pour percer cette merveilleuse énigme. Je dois commencer par vous dire que l'« âme sœur » est une science spirituelle. Connaissez-vous le mot « spirituel » ? Vous imaginez quelque chose d'invisible, n'est-ce pas ? Comment alors appelez-vous le visible ?

Tout est spirituel parce que tout — même la matière brute — est *volatil*, en mouvement, en état de transition.

Pourquoi est-ce que j'appelle la connaissance de l'âme sœur une science *spirituelle*? Parce qu'elle transcende le temps, la distance et l'espace, toutes les mesures de l'intelligence scientifique. Donc, scientifiquement, on ne peut pas prouver que vous ayez une âme sœur. Ni la théorie de Galilée, ni la théorie d'Einstein ne peuvent le prouver. Ce que je veux dire, c'est que ceci n'est pas un cours de physique !

L'âme sœur est une science spirituelle, une connaissance qui va au-delà des mots, ce qui crée donc un paradoxe. Comment enseigne-t-on une science spirituelle et intangible au moyen de mots ? C'est impossible. Si les mots pouvaient la décrire, ce serait une science limitée. Et une science limitée ne peut conduire à une intelligence illimitée. C'est ce paradoxe qui est à la base même du drame humain.

Comment vais-je donc vous communiquer avec des mots cette connaissance grandiose ? En utilisant une profusion de mots et en me répétant jusqu'à ce que cela ait créé en vous l'ouverture par laquelle pénétrera cette connaissance indicible. Savez-vous quelle est cette vérité indicible ? La communication spirituelle est *émotion*. L'Émotion ! L'émotion est la Vie même, muette, tranquille, profonde et mouvante.

J'ai enseigné la première session sur la science de l'âme sœur à un auditoire quelque peu perplexe. Ils sont tous venus avec empressement, en espérant que l'entité assise à leur côté serait peut-être « l'Élu(e) ». Vous savez, « l'Élu(e) », l'entité qui fait partie du rêve de chacun. Et ils m'ont pressé de leur transmettre une connaissance qui est difficile à comprendre pour des esprits fermés dont la seule préoccupation est de se trouver un partenaire. Si les mots ne faisaient pas l'affaire, comment pouvais-je m'y prendre ?

J'ai contemplé ces entités depuis et je leur ai réservé quelques manifestations *spectaculaires*. Vous allez y goûter! *(L'auditoire rit.)*

Certains d'entre vous, malgré la connaissance et les manifestations, seront encore réticents à franchir la montagne parce qu'ils n'osent pas soulever leur postérieur et être. *Être*! Vous voulez faire de cette connaissance une philosophie? À votre guise.

Durant les trois jours à venir, je vous enseignerai une vérité mystique et sublime que personne sur ce plan n'a jamais définie. Certes beaucoup ont spéculé sur le concept d'« âme sœur » mais sans jamais en saisir le véritable sens et sans pouvoir en dériver une science exacte.

La science est connaissance. L'illumination signifie « avoir connaissance ». La connaissance est le plus précieux trésor que vous puissiez posséder, car elle vous permet d'exploiter ce que vous êtes. Le trésor n'est pas de posséder le Dieu et le Christ en vous. Vous êtes déjà cela même!

Je vous enseignerai la science de l'âme sœur, mais en tournant autour d'elle parce qu'il s'agit d'une science éthérée et indicible. Je vous la dispenserai par étapes. Il me suffit de vous regarder pour savoir si vous suivez, pour savoir ce qui est enregistré et ce qui ne l'est pas. Je n'enseigne que ce que vous êtes capables d'assimiler collectivement.

Savez-vous ce qu'est la « nature dans le corps humain » ?

(Observant le regard vide de l'assistance.) Ah, mais ce n'est pas un terme *mystique*. J'entends par là : aller faire ses besoins, avoir faim, avoir la gorge sèche. Lorsque vos esprits seront arrivés à saturation et que l'énergie du groupe commencera à s'épuiser, je m'arrêterai. Si vous êtes mal à l'aise dans votre corps, votre priorité sera de soulager votre vessie pleine et de satisfaire votre ventre affamé. Tout ce que vous avez appris sera alors relégué au second plan. Le corps est une chose divine. Il fait partie intégrante du Dieu sublime que vous êtes à qui il offre un véhicule d'expression. Il mérite votre attention. *(Lève son verre d'eau.)* À la Vie!

L'auditoire : À la Vie!

Ramtha : Pour plusieurs d'entre vous cette session sera *très* longue. Je manifesterai pour vous cette connaissance autant de fois qu'il le faudra, même si vous devez y passer le reste de vos jours sur ce plan.

On m'a demandé d'enseigner en l'espace de trois jours une connaissance intemporelle, une connaissance qui n'a pas de dimension et qui ne peut être mesurée. Je n'aborderai donc que certains aspects du sujet, utilisant définitions et exemples, dans le but d'éveiller en vous le pouvoir qui ouvrira la porte à l'émotion. Et lorsque cette porte s'ouvrira en chacun de vous, vous sortirez afin de prendre un moment pour embrasser l'émotion ressentie. Comprenez-vous ? En d'autres mots, je n'enseigne pas montre en main !

Bon ! Passons maintenant aux « messagers ». Ils occupent une place importante dans mes audiences. Savez-vous ce que sont les « messagers » ? Ce ne sont pas des employés des Postes : ce sont de superbes manifestations. Ce sont des entités, des visions, des expériences et je vous en enverrai en grand nombre. Pourquoi méritez-vous ces splendides expériences ? Parce que la connaissance que vous allez acquérir ne viendra qu'à force d'expériences. Et qu'est-ce que l'expérience ? C'est un engagement *émotionnel,* c'est la pensée qui prend vie. Vous ne comprendrez vraiment ce que je vais tenter de vous enseigner par les mots que si vous vous engagez émotionnellement.

Les « messagers » sont aussi appelés « miracles de la connaissance ». Ce ne sont pas de simples coïncidences. Et vous aurez beau rationaliser leur existence, ils ne disparaîtront pas pour autant. Je vous les enverrai afin que mon enseignement soit vérifié par des expériences de vie, cette folle aventure de « Dieu découvrant Dieu ». Qu'il en soit ainsi !

L'auditoire : Qu'il en soit ainsi !

Ramtha : Saviez-vous que vous êtes tous des rêveurs endormis. Le rêveur est celui qui vit au sein de la conscience sociale, celui qui se trouve catalogué et étiqueté par la conscience sociale et qui opère selon ses règles et principes ; le rêveur est celui qui ne fait que des choses « bien » pour éviter de contrarier les autres entités, celui qui veut « bien paraître » pour gagner l'admiration de son entourage. Ça, c'est vivre un rêve ! Et c'est seulement au moment où vous vous éveillez de ce rêve que vous en possédez la sagesse. Parmi les « messagers » que je vous enverrai, un des plus splendides sera une vision dans laquelle vous vous éveillez de ce rêve.

Ce que vous apprendrez au cours de cette session éveillera en vous une émotion, une connaissance, un sentiment de cohésion et d'unité du moi... du moi enfin compris. Quant aux « messagers », ils se manifesteront sur-le-champ. Il y en aura une *multitude* et ils seront aussi uniques que chacun de vous.

Au cours des trois jours que vous passerez ici, vous allez boire *beaucoup* d'eau amère, ce qui fera des merveilles pour votre corps. Et vous apprendrez énormément de ce qui *ne sera pas dit,* car cela vous le ressentirez. Vous occuperez votre petit territoire, votre chaise ou votre place sur le tapis, et vous absorberez. Je ne vous ferai pas réciter de mantras, méditer ou brûler de l'encens. Je vais simplement vous transmettre la *connaissance* qui seule permet de transcender le temps et d'accéder à des dimensions supérieures de la vie ; de comprendre et d'embrasser Dieu qui est toutes choses ; d'être une lumière pour l'humanité, libre de tout appendice, de toutes « sangsues », soulagé du fardeau qui vous pèse.

Vous vous êtes tous parés pour assister à cette audience. J'en suis ravi. Mais savez-vous ce que je vois quand je vous regarde ? Imaginez quelqu'un qui s'aventure dans une région sauvage, tombe dans un marécage infect et en ressort le corps couvert de sangsues ! Savez-vous ce qu'est une sangsue ? Quand je vous regarde, je vous vois comme si vous étiez recouverts de sangsues. Et les sangsues ne « permettent » rien. Elles sont vos croyances limitées qui ne permettent pas à votre lumière d'émaner, qui cachent votre aura et votre christ comme les nuages bloquent les rayons du soleil. Elles sont votre « esprit limité ». Voyez-vous, tout ce que vous pensez et ressentez se manifeste. Si vous croyez que vous êtes misérables, malheureux ou mal-aimés, vous l'êtes ! Vous me suivez ?

L'auditoire : Oui.

Ramtha : Les « messagers » sont tout proches. Une de leurs tâches les plus importantes est de vous aider à éliminer tout ce qui entretient vos limitations afin que vous puissiez commencer à *savoir.* Quand vous écouterez mes paroles à nouveau, dans un avenir plus ou moins proche, elles vous toucheront différemment, car vous aurez déjà commencé à vous libérer de votre identité limitée.

Vous mettrez peut-être longtemps à comprendre mais quand le moment viendra, le temps s'arrêtera pour vous. Vous cesserez de vieillir et ne serez plus jamais malade. Et votre vision traversera le plan tridimensionnel. Cela prendra plus ou moins longtemps, dépendamment de la rapidité avec laquelle vous vous dépouillerez de vos limitations et permettrez ainsi à votre lumière d'émaner. Compris ?

L'auditoire : Oui.

Ramtha : Qu'il en soit ainsi !

Et maintenant, connaissez-vous cette entité qu'on appelle Ramtha ? Eh bien, c'est moi. Je me manifeste à vous au travers du corps de ma fille. Pourquoi ce merveilleux déguisement ? Parce que, depuis des millénaires, de remarquables maîtres sont venus à vous et vous les avez anéantis, tous. Vous avez étouffé et faussé leurs paroles. Vous êtes bien inconstants ! Eh bien, cela ne sera pas le cas avec *ces* paroles. Je ne vous offre aucune image à contempler, peindre, accrocher au mur ou porter autour de votre cou. C'est d'un mauvais goût ! Il n'existe de moi aucun portrait gravé devant lequel vous puissiez vous prosterner. Je ne vous permettrai pas de renoncer à votre pouvoir pour moi. Si vous le faites, je vous renverrai de cette audience sur-le-champ. Compris ?

L'auditoire : Oui.

Ramtha : Je suis ici pour vous apprendre que vous êtes Dieu afin que vous réalisiez que, depuis tout ce temps, l'entité à laquelle vous deviez amour, adoration et vénération n'était autre que *vous-même* (vous avez, pourrait-on dire, manqué le bateau). À la fin de cette session, vous ne partirez qu'avec des émotions, de nouvelles perceptions et un nouvel amour de vous-même.

L'amour de soi sera un des points importants de cet enseignement.

Il n'y a rien dans le domaine du visible ou de l'invisible qui
vous soit supérieur. Il n'y en a jamais eu. Certes, vous avez cru
qu'il existait au-delà de vous quelque chose de plus grand, de
plus puissant, et pendant des *millénaires* vous avez renoncé à
votre pouvoir et vous vous êtes assujettis à cette illusion. Ce n'est
pas étonnant que vous soyez incapables de faire des miracles. Il
ne vous reste guère assez de pouvoir pour chasser une mouche
de votre nez! Et tout ça parce que vous cédez depuis une
éternité. Vous cédez, cédez, cédez! Vous vénérez, vénérez, vénérez! Vous vous prosternez au pied d'une entité et la suivez
aveuglément. Mais vous ne savez pas mener! Mener ne veut pas
dire rassembler une horde de disciples et les conduire Dieu sait
où. Il s'agit de se mener *soi-même*; il s'agit de vision de *soi*.

Il est grand temps que vous vous connaissiez et trouviez
Dieu, le christ qui sommeille en vous. Le royaume de Dieu *est* à
votre portée, car il est à la fois à la portée de vos émotions et
contenu au sein de vos émotions. Le plan sur lequel vous êtes
changera — c'est une certitude — mais seulement le jour où
chaque entité arrivera à cette réalisation.

Rien n'a jamais été créé qui soit supérieur ou inférieur à
vous. Il *existe* dans l'invisible une multitude d'entités mais leur
invisibilité ne leur donne pas plus de pouvoir ou de connaissance
que vous. Ce sont simplement des dieux s'exprimant sur une
autre fréquence, une autre vibration, sur un autre plan.

À certains moments, vous me maudirez. Ça ne fait rien. Je
serai quand même le vent et je vous aimerai quand même. Je ne
me *soucie* pas de ce que vous pensez de moi, non plus que je ne
me soucie de ce que votre presse pense de moi. Je suis un grand
maître et ce que je suis, *je le suis*, pour toujours et à jamais. Donc,
ce que vous pensez de moi dans votre esprit limité n'a vraiment
aucune importance. Par contre, ce que *vous* pensez de *vous-même*
en a! Peu importe d'où je viens, ce que j'ai l'air ou ce que j'ai
dit il y a trente-cinq mille ans. Savoir qui vous êtes dans l'aventure
du Moi est tout ce qui importe. Si vous apprenez seulement la
connaissance sublime pour laquelle vous êtes venus ici et si vous

commencez à vous dépouiller de votre ignorance et de vos croyances limitées, savoir qui je suis vous importera peu, n'est-ce pas ? Si mon costume vous fait rire, allez-y. Un jour, vous saurez et verrez qui je suis, car vous saurez et verrez qui vous êtes. Compris ?

L'auditoire : Oui.

Ramtha : Pour faire comprendre un point, tous les moyens me sont bons. *(Rires de l'auditoire.)* C'est vrai ! Certains ont perdu des fortunes simplement pour comprendre. D'autres ont *tout* obtenu, seulement pour prouver qu'ils pouvaient y arriver. Je ferai tout ce qui est nécessaire pour aider à votre apprentissage. Dès que je fais appel à mes « messagers » — un groupe on ne peut plus hétéroclite —, ils passent à l'action. Ainsi ils vous aideront à comprendre, petit à petit, et à aimer profondément ce que vous êtes. Il y aura des moments où vous serez vraiment seuls et pourtant vous trouverez ces moments merveilleux. Peu importe ce dont vous avez besoin pour que passent l'émotion et la connaissance, vous l'obtiendrez.

Et maintenant, les âmes sœurs. « Enfin, ça y est ! » *(Rires de l'auditoire.)* Voyez-vous, il est toujours préférable d'établir les règles du jeu avant de commencer.

Avez-vous tous une âme sœur, cette énigme, cet amour qui traverse vos rêves, cette vision immaculée de chevalerie ou de féminité ? Bien sûr, chacun de vous ! Il n'existe pas une seule entité qui n'ait son âme sœur.

Une chose merveilleuse caractérise l'humanité : vous dites à quelqu'un que telle chose lui *appartient* et pratiquement rien ne l'arrêtera, il voudra l'obtenir même s'il ne *comprend* pas l'objet de sa quête. Penser de cette façon peut faciliter grandement l'apprentissage. C'est la carotte devant le nez du lapin.

Vous avez tous une âme sœur, depuis déjà dix millions d'années. En avez-vous besoin ? Absolument ! *(Levant son verre.)* Aux âmes sœurs !

L'auditoire : Aux âmes sœurs.

Ramtha : Maintenant, votre premier « messager ». Je vous envoie à tous l'image que vous vous faites de l'homme idéal ou de la femme idéale. Je veux que vous vous abandonniez à vos fantasmes. Savez-vous ce qu'est un fantasme? Bien sûr, voyons! Laissez-vous absorber par votre fantasme du partenaire idéal. Qu'il en soit ainsi! *Premier* « messager ».

L'âme sœur n'est pas une chose ou un objet. C'est une entité pourvue d'une âme et d'un esprit, qui est ou fut un « humanoïde ». Vous savez ce que c'est? C'est un terme peu flatteur, il est vrai, mais qui décrit précisément ce que vous êtes : Dieu se manifestant dans un amas de chair.

Rares sont ceux qui rencontreront leur âme sœur, très rares! Vous avez tous vécu, vie après vie, sans jamais voir l'autre partie de vous-même. Pourquoi vos chemins ne se sont-ils pas croisés? Pourquoi ne vous êtes-vous pas rencontrés? Eh bien, certains d'entre vous *pensaient* avoir rencontré leur âme sœur mais au bout d'un moment la flamme s'est éteinte. Alors vous avez réalisé que ce n'était pas la bonne entité car, assurément, votre âme sœur serait l'accomplissement de *tous* vos désirs et vous apporterait plénitude et épanouissement. Ne pensez-vous pas que c'est beaucoup exiger d'une autre entité? Et *vous*? Êtes-*vous* désirable? Pourriez-*vous* offrir à une autre entité ce sentiment de plénitude? Est-ce que *votre* compagnie suscite la joie? Êtes-vous une inspiration? Êtes-vous humble? Possédez-vous honneur, intégrité, vertu? *Les possédez-vous*? Autrement dit, si je vous disais que votre âme sœur est derrière vous et qu'en vous retournant pour voir sa tête, c'est *vous*, avec tous *vos* complexes et toutes vos limitations, que vous aperceviez — que feriez-vous?

Il est injuste de compter sur autrui pour vous rendre heureux. Vous ne le méritez pas. Pourquoi? Parce que si vous êtes incapables de *vous* aimer au point de *vous* rendre heureux, *qui* donc voudra prendre le balai et faire le ménage à votre place? Personne, que je sache.

Bon, le second « messager ». Je vous envoie un rêve. Dans ce rêve votre âme sœur viendra à vous — du moins c'est ce que vous penserez. Vous l'attendrez les bras ouverts mais cette entité portera un masque et elle sera carrément l'*opposé* de ce que vous espériez chez une âme sœur. Vous vous efforcerez de vous tirer de ce rêve stupide mais l'entité au masque vous y *ramènera*. Et le rêve semblera durer une éternité ! À l'aube, quand les rayons dorés du soleil auront percé le voile de la nuit, vous vous éveillerez, mais auparavant, exaspéré, vous retirerez le masque et découvrirez que l'entité masquée n'était autre que *vous-même*. Autrement dit, vous allez être votre compagnon de lit pour une nuit. Compris ?

L'auditoire : Oui.

Ramtha : Je désire que ce rêve soit *très intense* et que vous vous en souveniez jusque dans les moindres détails. Car uniquement lorsque vous vous connaîtrez, pourrez-vous commencer à faire le nettoyage dans vos vies. Marché conclu ?

L'auditoire : Marché conclu.

Ramtha : Qu'il en soit ainsi.

Vous savez, vous n'êtes pas un cadeau. Vous ne savez ni donner ni recevoir parce que vous êtes trop occupés avec vos illusions. Je vous envoie donc ces « messagers » et nous allons faire un grand nettoyage. Quand vous vous conduirez de façon déshonorante, je vous renverrai votre déshonneur, au centuple ! Quand vous vous montrerez sans compassion, insensibles et sans pardon parce que votre ego altéré ne vous permet pas l'humilité, je vous enverrai un tourment impitoyable, au centuple ! Connaissez-vous la miséricorde ? Miséricorde ! Que faites-vous quand vous rencontrez quelqu'un qui est « dans la rue ». Quelle somme d'argent suffit à vous faire perdre toute miséricorde ?

J'ai observé votre miséricorde envers les animaux ; j'ai observé votre tendresse envers les insectes. (Certains, toutefois, n'éveillent en vous aucune miséricorde. Ceci dit, le jour viendra où vous pourrez communiquer avec eux et leur dire de déguerpir.) Mais lorsqu'il s'agit d'*or*, alors là vous êtes tous impitoyables. Impitoyables ! J'ai mis quelques-uns d'entre vous à l'épreuve et je vous ai vus agir pour une poignée de sous ! Je vais vous renvoyer vos actions, mille fois, jusqu'à ce que vous compreniez que la vertu de la miséricorde n'a pas de prix. Quelle que soit la somme que l'on vous doit, pensez-vous que vous gagnez à vous abaisser par manque de charité, d'indulgence et de tolérance ?

Vous êtes *très* mesquins, vous savez. Vous voulez être illuminés mais vous êtes très mesquins. Quelle valeur donnez-vous à l'or ? Quelle valeur donnez-vous à la quête de cet or ? Quelle est la valeur de ces choses par rapport au flot intemporel qu'est l'éternité ? Pouvez-vous les apporter en quittant ce plan ? Mais vous apporterez, *assurément,* votre manque de miséricorde car ce sentiment subsistera dans votre âme comme une sangsue.

Je vais causer quelques remous dans votre vie. Il y a des entités qui vous doivent des yens, marks, roupies, shekels, dollars, livres — quel que soit le nom que vous donniez à l'or. Jusqu'à présent, ils remboursent leur dette avec régularité mais, du jour au lendemain, les paiements cesseront parce qu'ils se seront heurtés à des difficultés. Je veux voir combien de pression vous allez exercer sur eux afin de pouvoir vous accorder vos petits caprices. Je veux voir à quel point vous êtes illimités, vertueux et miséricordieux. Je vous enverrai trois « messagers » à cette fin. Qu'il en soit ainsi !

Maintenant, connaissez-vous le terme « disciple » ? Les disciples sont comme des moutons. Ils ne s'éloignent jamais les uns des autres. Ils opèrent en cliques et passent leur temps à médire. Ils ne s'entendent jamais entre eux mais ne peuvent se passer les uns des autres.

Eh bien, je vous ai observés formant des bandes et créant des vérités appelées ragots. Je vous ai vus, au travers de ces vérités, retirer la beauté et la joie de votre prochain. Je vous renvoie toutes vos condamnations, au centuple, afin que vous fassiez l'expérience de ce que vous avez infligé à autrui.

Savez-vous ce que sont l'honneur, l'intégrité et la noblesse ? Non, vous ne le savez pas. Ces qualités ne font pas partie de votre identité. Savez-vous vivre dans un état de grâce ? Non, mais vous n'allez pas tarder à le savoir. Je vous envoie des « messagers » pour vous apprendre à être honorable, tolérant et pour vous apprendre à aimer. Quel rapport avec cette session ? Cela fait partie du grand nettoyage. Il faut que vous soyez présentable pour votre âme sœur. N'oubliez pas, *votre* idéal possède *toutes* ces qualités.

Faut-il que vous soyez avec votre âme sœur pour devenir Dieu ? Non, mais cette essence-entité sera toujours avec vous. Faut-il que vous viviez avec votre âme sœur pour être heureux ?

Non. Faut-il que vous vous mettiez en quête de votre âme sœur ? Non. La connaissance que je vais vous transmettre ces jours-ci et les « messagers » qui viendront vous feront comprendre pourquoi.

Maintenant, nous allons retourner ensemble au début de la création afin que vous compreniez la science de l'âme sœur. Il faudrait une vie entière pour expliquer tout le processus de la création. Je vous donnerai donc la version abrégée de l'éternel mystère du commencement. Une fois le tableau brossé, vous comprendrez. Et si non, je vous enverrai une vision afin que vous le voyiez de vos propres yeux.

Vous pensez à Dieu de différentes façons. Vous percevez, dans votre réalité, l'intelligence omnisciente et infiniment sage sous diverses formes. Mais dans une réalité plus vaste, Dieu est Pensée. Avant le Commencement, seule la Pensée existait — sans lumière, sans mouvement, sans matière.

Si j'enlevais toutes les étoiles, toutes les planètes et tous les soleils de cet univers (autrement dit, si je prenais un aspirateur et aspirais le tout), que verriez-vous ? Vous ne verriez rien du tout parce qu'il n'y aurait plus de lumière. Vous pourriez seulement percevoir. (Voilà un sujet coriace.) Sans lumière, l'œil ne peut pas voir et ne peut pas discerner de mouvement.

La Pensée, qui est Dieu, est inerte ; elle *est*. La lumière est ce qui permet le mouvement. Sans lumière, il n'y a qu'espace vide, sans dimension ni mesure, sans début ni fin... l'éternel Présent.

D'après vous, qu'est-ce qui soutient votre monde ? Qu'est-ce qui vous maintient sur lui et vous empêche d'en tomber ? Le vide, dites-vous ? Non, c'est la Pensée, l'Être, la plate-forme appelée éternité.

L'heure vint où la Pensée se replia sur elle-même et contempla son immensité. Autrement dit, la Pensée s'est mise à penser à la Pensée. Cette réalisation devint Lumière. Ainsi naquit la Connaissance.

La Lumière, comme vous le savez, est composée de particules. Chacune de ces particules est une unité de pensée individuelle et expressive. L'électrum positif/négatif qui les compose assure à la fois leur cohésion et leur capacité de division. Mais à son état suprême, la Lumière est composée de particules *non divisées* qui contiennent et retiennent toutes ses unités inférieures potentielles. Et chaque particule de Lumière est une Pensée individuelle, vivante, cohésive.

Vous êtes nés de Dieu, de « Celui qui est », de l'Espace, à l'instant où la Pensée se contempla et la contemplation devint Lumière et Mouvement. Au Commencement, chacun de vous devint une particule de Lumière, égale à toutes les autres, un Tout, un Dieu. Cela est votre forme *individuelle* suprême. Et, aussitôt dotés d'âmes, vous vous êtes mis à créer à partir des pensées qui étaient vôtres. Vous *êtes* véritablement le « Commencement » car c'est *vous* qui avez créé le concept de temps.

Savez-vous comment l'électricité fut créée ? En abaissant la Lumière (c'est-à-dire en ralentissant sa fréquence). Ce faisant, vous divisez la Lumière en pôles positif et négatif, créant ainsi un champ magnétique. Le saviez-vous ? *(Observant les regards vides dans l'assistance.)* Vous ne le saviez pas. Eh bien, ceci sera peut-être un cours de physique après tout ! Cela dit, un champ magnétique n'existe qu'en présence d'énergies positive et négative.

Les particules de Lumière donnèrent naissance aux gaz qui à leur tour provoquèrent le « big bang » (selon vos scientifiques), une énorme explosion à la suite de laquelle tout, pour ainsi dire, se mit en branle. Eh bien, c'est une façon de voir les choses si vous cherchez à mesurer le temps (et cette approche ne sert qu'à mesurer le temps) mais en réalité, les choses se produisirent de façon quelque peu différente. Vous devez effacer le concept de temps afin de comprendre. Ce sont en fait les dieux, qui, par la suite, au travers de l'âme de leur être, créèrent tout ce qui est.

Je sais que plusieurs d'entre vous *pensent* que l'âme est située dans la tête. Eh bien non. Votre âme se trouve ici, dans une cavité proche de votre muscle éternel, votre cœur. Dans cette cavité réside une essence-lumière qui pèse treize onces. Quand vous êtes emplis du sentiment d'amour, vous pensez que cette émotion provient de votre cœur. Mais votre cœur n'est qu'une pompe et cette pompe n'a pas la capacité d'aimer. C'est votre âme qui ressent l'émotion.

L'âme, qui fut créée afin d'immobiliser la Pensée, offrit aux particules de Lumière, aux dieux, le seul moyen de créer à partir de la pensée du Père, à partir du flot de Pensée dont ils émanaient. J'appelle votre âme, « le seigneur de votre être ». Le « Dieu de votre être » est votre esprit, la magnifique Lumière qui enveloppe votre totalité.

Votre âme est comme un ordinateur qui tient la Pensée en réserve. Sans votre âme, vous ne connaîtriez aucune chose, vous ne pourriez exprimer aucune chose, vous ne *seriez* aucune chose, vous ne seriez rien que « l'Être ». L'âme enregistre toutes pensées que vous ayez jamais eues sous forme d'empreintes électriques sur votre corps de lumière, autrement dit, sous forme d'émotions. Ce sont ces pensées ressenties en votre âme qui sont à l'origine de la formation de la matière gazeuse dans votre univers.

L'espace, le silence, le vide appelé Pensée permit aux particules de Lumière, aux dieux de s'exprimer en elle en toute liberté. C'est ainsi que sont nés vos soleils. Ces soleils, alors, ralentirent l'électrum afin de former la matière gazeuse dont les particules furent semées pour l'éternité.

Vous savez ce que sont les atomes. Ils forment un tout autre univers, l'univers intérieur. Ce qui donne aux atomes leur substance est une particule appelée particum Z. Le particum Z fut la première émotion *manifestée* qui donna naissance à la totalité de votre univers.

Les dieux créèrent alors la première planète habitable de votre système solaire. Elle fut appelée Mélina. Ce fut la première planète née de votre soleil par le processus naturel de la Lumière donnant naissance à la matière. Sur cette planète, les dieux s'amusèrent à créer des formes de lumière. (À ce stade, chacun de vous est encore un dieu unique, *non divisé*, sans sexe.) Lorsque les dieux, ayant développé un esprit fort compétitif, anéantirent Mélina — dont les vestiges gravitent, à l'heure qu'il est, autour de Saturne —, grand nombre d'entre eux se rendirent aux confins de votre univers où ils se trouvent encore à cette heure.

D'autres allèrent habiter une planète qui se trouve de l'autre côté du soleil, diamétralement opposée à votre Terre, une planète dont vous ignorez l'existence mais qui sera découverte par vos scientifiques avant la fin du siècle.

Après la destruction de Mélina, votre planète Terre évolua des entrailles du soleil, sa mère, et fut placée sur orbite autour d'elle. La Terre, en rotation, se refroidit peu à peu et avec le temps (l'équivalent de milliards et de milliards d'années dans un espace où le temps n'existe pas), elle fut fécondée et prête à accueillir la vie.

Connaissez-vous la planète Vénus? Si vous ne l'avez jamais vue, je vous en enverrai une photo. Savez-vous que cette planète est la nouvelle Terre?

Vénus est entourée d'une couche nuageuse, n'est-ce pas? Eh bien, ces nuages sont les futurs océans de la planète. Par la présence de l'eau, de cette substance aqueuse dans la stratosphère, la vie commence à bourgeonner sur la surface de Vénus créant un univers paradisiaque. La couche nuageuse, qui est conductrice de lumière, la disperse de façon uniforme, créant une chaleur constante autour de la planète comparable à la chaleur dans le sein de la mère. Là, se développent de nouvelles formes de vie tout comme autrefois sur Terre. Et sur cette nouvelle scène débute un nouveau drame. *(Levant son verre.)* À la création! Puissiez-vous tout connaître!

L'auditoire : À la création!

Ramtha : Ainsi évolua votre Terre. Elle fut entourée, à l'origine, d'une couche nuageuse tout comme Vénus l'est aujourd'hui et ces nuages devinrent un jour les océans. La vie prit la forme de la substance aqueuse tridimensionnelle. Nous sommes ainsi passés de la lumière à l'eau. Les dieux formulèrent alors leurs désirs et à travers leurs âmes créèrent la masse cellulaire qui compose chaque forme de vie terrestre.

Réfléchissez à ceci un instant : Avez-vous déjà observé l'exotique oiseau-mouche butinant le nectar d'un lys? Si vous n'avez pas eu cette chance, je vous en enverrai un. Qu'il en soit ainsi! Avez-vous déjà observé une chenille se métamorphosant en un papillon aux couleurs splendides? Non? Je vous en enverrai une.

Avez-vous déjà contemplé, quand le soleil est au zénith, les reflets nacrés d'un poisson dans le murmure d'un ruisseau? N'avez-vous jamais vu un arc-en-ciel au-dessous des mers? Non? Je vous enverrai là où il en existe. N'avez-vous jamais, au travers d'un cristal, regardé le soleil de midi, le soleil couchant ou la lueur de la lune? Savez-vous combien il existe d'espèces d'insectes? Et d'espèces dans le royaume animal? Et combien existe-t-il d'espèces de fleurs? Combien existe-t-il d'espèces de fougères? Et comment se fait-il que la mousse pousse toujours sur le versant nord offrant ainsi au promeneur un point de repère? Qui a créé toutes ces choses?

Qui a enseigné au noble héron l'art de la pêche? Qui lui a appris à chasser les poissons vers le rivage puis à se voiler les yeux à l'aide de son aile afin de pouvoir les distinguer dans l'eau? De *qui* tient-il cette intelligence? Et la fleur qui possède à la fois l'odeur et l'apparence de chair putride, et qui attire la mouche afin qu'elle y dépose les larves dont la fleur se nourrit; qui donc l'a conçue? Qui créa la plante superbe dont pousse une feuille si large qu'elle se roule sur elle-même pour recueillir goutte à goutte la rosée du matin? Qui l'a conçue ainsi afin qu'elle offre asile à une petite grenouille qui, en échange, offre à la plante sa compagnie? Qui lui a donné cette connaissance sublime?

Qui, parmi vous, Égyptiens d'une vie antérieure, créa la cigogne égyptienne capable de soulever une pierre et de la laisser tomber et retomber sur l'œuf d'autruche jusqu'à ce qu'il craque. Quelle est l'ingénieuse entité qui lui a appris cela?

Qui a appris au saumon à sillonner, sa vie durant, les mers lointaines. Et quand sa vie tire à sa fin, l'âme riche d'expériences, qui lui a appris à engendrer une nouvelle génération afin qu'il puisse s'y réincarner et se nourrir de sa propre chair, à présent en décomposition au fond d'un ruisseau limpide? De qui tient-il cette connaissance?

Et parmi vous, qui fut la femme qui apprit à la gazelle à courir avec la grâce et la légèreté d'une ballerine ailée? Qui lui a appris à mettre au monde son petit? Qui chuchota à l'oreille du petit de demeurer immobile comme une pierre? Et qui apprit au petit à ne pas émettre d'odeur? Qui?

Ce ne sont que quelques-unes des merveilles de cette vie mais savez-vous qui les a créées? *C'est vous.* Savez-vous *comment* vous l'avez fait? En ressentant par « Celui qui est » et en captant cette émotion dans votre âme. Votre émotion créa la vie en toutes choses. Votre souffle donna vie aux formes aqueuses et créatives appelées cellules. Vous êtes à l'origine de la *structure* des cellules.

Saviez-vous que chaque cellule possède la structure de la totalité? Saviez-vous qu'à partir d'un fragment de tissu pris de votre nez, vos scientifiques peuvent créer votre sosie par le procédé de « cloning »? C'est la vérité!

Vous avez insufflé la vie à vos créations par l'émotion même de leur existence ressentie au sein de votre âme. Ce « souffle » n'avait rien à voir avec le processus de respiration. Le souffle de vie représentait « l'empreinte de la destinée » de chacune de vos créations. Vous leur avez communiqué ainsi l'intelligence qui sera transmise de génération en génération, à tout jamais. Cela vous paraît-il absurde? Eh bien, l'histoire ne s'arrête pas là. Je vous enverrai à défaut de mots des visions pour compléter le tableau. Qu'il en soit ainsi!

L'auditoire : Qu'il en soit ainsi!

Ramtha : Saviez-vous que la pensée peut traverser la matière qui est pensée coagulée et tridimensionnelle? Vous êtes familiers avec les visions d'esprits et de fantômes traversant les murs, n'est-ce pas? *Certes,* ceci leur est possible car ils vibrent à une fréquence supérieure à la fréquence tridimensionnelle.

En quoi cela vous affectait-il? Bien que vous ayez insufflé l'empreinte de la destinée à vos créations et à la *totalité* de ce monde, il vous était impossible de sentir la rose que vous aviez créée ou de toucher le pelage de la petite créature appelée loutre. Il vous était impossible de caresser, sentir, goûter, entendre, voir. Vous pouviez seulement *percevoir.* Afin de prendre part à ce royaume florissant, votre seul recours fut d'abaisser votre fréquence et de *vous* condenser pour devenir masse. C'est alors que vos ennuis ont vraiment commencé!

Les dieux créèrent et habitèrent des corps afin d'expérimenter le royaume de leur création. Et je peux vous assurer que si vous vous trouviez, aujourd'hui, face à un de ces corps, vous seriez absolument horrifiés. Horrifiés! Car ils ne correspondent d'aucune façon à ce que vous appelez « beau ». Ils fournissaient toutefois aux dieux de remarquables véhicules pour entrer et sortir de ce royaume.

Au début de ces expériences, les dieux se fabriquèrent toute une panoplie de corps, une garde-robe en quelque sorte et ces corps n'avaient pas de genre. La création de ces véhicules était toute simple : le dieu le *concevait*, le *ressentait*, et le corps prenait forme! C'est ainsi que vous avez tout manifesté.

Mais un beau jour les dieux décidèrent de créer des corps qui refléteraient leur unicité. Ils se mirent à contempler tout comme avait fait « Celui qui est », et créèrent le concept de corps mâles *et* femelles qui par l'acte de copulation pourraient engendrer l'espèce humaine. Mais cette idée présentait un inconvénient : aucun dieu ne voulait devenir homme *ou* femme! Ils décidèrent donc d'être les *deux* à la fois en abaissant et scindant leur Lumière et leur âme en deux. C'est au moment où la Lumière s'abaissa jusqu'à l'électrum de la plus faible intensité que la *division* eut lieu, créant la polarité du positif et du négatif.

Les dieux abaissèrent donc leur lumière et lorsque l'électrum devint positif et négatif, leur lumière et leur âme se divisèrent; et elles resteraient divisées aussi longtemps qu'ils seraient à basse fréquence.

Ouf! J'en suis venu à bout! La Création est toujours un gros morceau! *(Levant son verre.)* À la division!

L'auditoire : À la division!

Ramtha : Les dieux créèrent deux corps en structurant les cellules selon la charge de chacun. La charge négative représenterait le genre féminin et la charge positive, le genre masculin. Le flot des hormones dans le corps serait déclenché par cette énergie électrique et se ferait conformément à la charge de chacun.

Chez la femme, les portes (autrement dit les chakras) furent mises en place. Lorsque l'énergie féminine, l'énergie négative, prit possession du corps conçu à son intention, elle tourna les clés et les sept sceaux s'ouvrirent simultanément. Le flot de « l'équilibre hormonal » débuta et ainsi naquit la femme !

L'énergie positive prit possession du corps mâle. Les sept portes, les sept sceaux, les sept chakras se mirent à sécréter les hormones et ainsi naquit l'entité masculine ! Rappelez-vous, il s'agit d'un dieu qui se divise pour devenir à la fois positif *et* négatif.

Au moment de la création, le pénis, les reins, les seins, le nid, le vagin n'existaient pas dans la masse cellulaire du corps. C'est le contrôle des hormones, leur *harmonie* qui fut à l'origine de leur développement.

La charge négative pénétra donc le corps féminin. Tandis que le corps sommeillait encore, les seins se développèrent, le corps s'assouplit et prit forme car les sept glandes endocrines étaient désormais ouvertes sécrétant leurs hormones — *l'harmonie*. L'âme/esprit scindé était en harmonie avec ce corps. La charge positive pénétra l'« argile » du corps mâle, ouvrit les sept sceaux à la fois et la masse prit la forme du corps masculin.

Ainsi s'éveilla l'homme ! Ainsi s'éveilla la femme ! Âmes sœurs, se mirant dans les yeux de l'autre, *voyant* leur moi pour la toute première fois ! contemplant la réflexion, l'énergie ! partageant émotionnellement la même expérience au sein de leur âme et esprit mais dans des perspectives différentes. Vous commencez à y voir clair ? *(Levant son verre pour porter un autre toast.)* À la Vie !

L'auditoire : À la Vie !

Ramtha : Bon, vous connaissez le terme « génétique » ? Réfléchissez un moment à la science de la génétique. Réfléchissez à ce qui constitue la mémoire génétique.

Chacun de vous possède, dans ses organes et ses entrailles, la semence contenant la mémoire génétique capable de créer une autre entité. D'après vous, qu'est-ce qui crée les chromosomes, porteurs de mémoire génétique ? Et qu'est-ce qui a créé *tout ce qui est* ? L'Émotion ! La mémoire génétique est créée par l'*émotion*.

Il y a de cela dix millions d'années, les dieux de ce plan se divisèrent pour devenir énergies mâle et femelle ; et chacune de leurs aventures dans la matière fit naître en eux une émotion. À chaque puissante émotion ressentie, les structures chromosomiques du sperme et de l'œuf reçurent une empreinte. C'est cette *empreinte* qui crée votre corps en cet instant précis. Telle est la science que les dieux façonnèrent dans le but de créer des corps nouveaux avec toujours de nouvelles caractéristiques, des corps différents plutôt que des « clones ».

Ainsi naquirent les âmes sœurs. Elles copulent. Mais quelques heures avant la copulation, l'homme chassé par un prédateur se sauve à toutes jambes. Dans sa course effrénée, il désire, avec une émotion intense, posséder des jambes plus longues et plus rapides. À ce moment précis, il crée, *par ce désir*, de nouvelles caractéristiques dans sa structure chromosomique. Ses chromosomes ont donc été modifiés. Il retourne chez lui avec empressement pour y trouver sa compagne qui, elle, a eu une journée de bonheur. Ses chromosomes portent donc l'empreinte de la « joie de vivre ». Ils copulent et conçoivent un corps qui, génétiquement, possédera des cellules joyeuses et des jambes plus longues !

D'autres dieux, ayant entamé le processus de division, choisissent leur corps parmi la progéniture d'âmes sœurs. L'énergie positive issue d'une de ces divisions choisit un corps de charge positive. Quand il prend possession du corps conçu, une nouvelle aventure s'offre à lui, une aventure d'odeurs, d'harmonie, la sensation de téter pour la première fois le sein maternel, d'être porté sur les épaules de son père d'où il découvre une vue spectaculaire du monde. Lorsqu'il sera adulte, il sera doté de longues jambes et courra plus vite que son père. Et son père lui dira : « Tu es bien le fils de mon désir. » Comprenez-vous le processus ?

L'auditoire : Oui.

Ramtha : Comment avez-vous évolué génétiquement ? Qu'est-ce qui a causé le processus d'évolution ? Qu'est-ce qui a créé la continuité des choses ? Qu'est-ce qui a adouci votre peau et fait grossir votre tête ? Les *émotions.* Car à chaque moment, vos émotions se manifestent. Et devinez ce qui les enregistre toutes ? Le seigneur de votre être, votre âme immortelle. Vous vivez sur ce plan depuis dix millions d'années et vous évoluez par les émotions.

Les âmes sœurs *partageaient* la vie de ce paradis, car chacune recevait de l'autre le plus beau de tous les cadeaux : les émotions. Une femme donnait naissance à un enfant et sa joie, son émotion étaient partagées à part égale par son âme sœur, l'autre partie d'elle-même. Quelle merveilleuse expérience « psychique » ! Elles partageaient *la même* âme, *le même* esprit, et ce que l'une expérimentait, l'autre le ressentait.

Il se peut qu'elles aient décidé, dans leur vie subséquente, de vivre dans des pays différents si c'était là que se trouvaient les corps qu'elles avaient choisis pour leur nouvelle aventure.

Où se trouve *votre* âme sœur à cet instant ? Il y a certaines entités ici présentes dont l'âme sœur se trouve actuellement sur ce plan. Et d'autres dont l'âme sœur se trouve, en ce moment, sur un autre plan, dans un autre univers. Savez-vous ce qui vous relie l'un à l'autre ? Les émotions. Vous êtes aussi proches que cela. Aussi *proches* que cela !

Donc, le dieu, qui à l'origine fut un, se divisa pour devenir deux individus, âmes sœurs, mais conserva néanmoins son unité. Un dieu unique. Ce qui relie les âmes sœurs est le flot de pensées manifestées sous forme d'émotions ; une espèce de corde élastique divine capable de s'étirer à l'infini tout en restant intacte. Votre âme sœur est si proche ; elle est à la portée de votre passion, à la portée de votre souffle ; elle est aussi proche que l'instant qui suit car, rappelez-vous, le temps, la distance et l'espace ne peuvent mesurer ou séparer le monde de l'invisible, ne peuvent mesurer l'Être, la Vie.

Certains d'entre vous pensent : « Mon âme sœur se trouve dans les Pléiades. Je le *sais* » ; et ils en tirent une espèce d'orgueil. Finissons-en avec cela. « Alors, peut-être qu'elle se trouve ailleurs, dans un endroit exotique éloigné. » Vous pensez que de partir à sa recherche serait une expérience formidable ? Certainement pas pour la plupart d'entre vous, car vous êtes imprégnés de préjugés. N'est-ce pas ? Vous avez déjà bien du mal à accepter une personne d'une autre race, d'une autre couleur.

Imaginez un jeune homme au corps musclé qui s'adonne quotidiennement à ses exercices. Il court mais ne va nulle part; il soulève ses poids et haltères développant une poitrine aux muscles saillants et cependant il ne livre aucune bataille! Quelle vanité! Et il songe à la femme de ses rêves, seulement il n'y a pas vraiment de place pour elle dans sa vie : il est trop occupé à s'admirer dans la glace. Eh bien, son âme sœur a, en fait, quatre-vingt-un ans! Quel coup dur pour son ego!

Voyez-vous, grand nombre d'entre vous sont noyés dans la conscience sociale — la beauté, la prospérité, la richesse, la célébrité, le pouvoir. Ces choses représentent tout ce dont vous rêvez. Elles sont à l'origine de tous vos complexes. Vous voulez être superbe, voluptueuse. Vous voulez la célébrité. Vous voulez être puissant, avoir de l'autorité. Vous voulez ces choses qui vous élèvent, en quelque sorte, au-dessus de l'ordinaire et des mondanités. Mais vous vivez dans une boîte! Préparez-vous, car je vous envoie de nombreux « messagers » au sujet de votre boîte, et je ferai en sorte que les murs se referment sur vous. Si vous cherchez à acquérir la *connaissance*, il vous faudra transcender la sphère limitée de la conscience sociale.

Certains d'entre vous pensent, de façon dogmatique, faire partie d'une « famille d'âmes ». Vous pensez avoir vécu, vie après vie, avec les entités de cette même famille! Ne pensez-vous pas qu'il serait plutôt ennuyant d'être toujours marié à la *même* femme, de toujours avoir le *même* mari, d'avoir les *mêmes* enfants insupportables pendant dix millions d'années? Réfléchissez à cette question.

Vous rencontrez une entité qui vous est familière. Si vous consultez un médium, il vous apprendra exactement quelle fut votre partenaire. Et vous le prendrez au mot même si cela ne sonne pas tout à fait juste. Eh bien, cette entité vous est, *en effet*, familière mais il se peut qu'elle ait été le mari, la femme, la mère, le père de votre *âme sœur*. Voilà d'où proviendrait cette familiarité puisque vous *partagez* la même connaissance. La petite vieille qui tricote avec ses mains noueuses et Monsieur Muscle, partagent cette expérience, cette douleur et cette grâce subtile.

Votre âme sœur et vous expérimentez, apprenez, *partagez.* Ce que votre âme sœur a expérimenté, *vous* l'avez expérimenté, et réciproquement, car vous partagez la même connaissance et la même compréhension.

Vous savez ce qu'est un « médium » ? N'est-ce pas un terme contemporain extrêmement mystique et séduisant ? Savez-vous que chacun de vous ici présent possède la *connaissance.* Pourquoi demander à autrui de vous prédire l'avenir, il vous suffit d'observer vos actions et pensées dans le présent. Elles vous éclaireront sur votre avenir.

Tout le monde ici est médium. Afin de vous le prouver, je vous envoie un autre « messager ». Vous allez avoir une prémonition et dans les trois jours qui suivront, voilà qu'elle se manifestera. Alors vous pourrez imprimer « médium » sur vos cartes de visite et sur votre plaque d'immatriculation (mais je vous le déconseille, car la personne à qui vous prédirez l'avenir vous en tiendra pour responsable). Je vous envoie cette manifestation pour que chacun de vous ait un aperçu de sa *connaissance.*

Certaines connaissances se manifestent à vous. D'où proviennent-elles ? Comment connaissez-vous « psychiquement » certaines choses ? Il est probable qu'à cet instant, votre âme sœur en fait l'expérience et vous en recevez l'émotion. Voilà d'où viendrait cette connaissance.

Pourquoi subitement êtes-vous pris d'envies folles ? Avez-vous déjà traversé le marché et eu la soudaine vision d'une pêche succulente pendue à son arbre, si mûre que des perles de nectar s'en échappent ? Et vous n'avez qu'une envie : la croquer ! Et vous voilà ratissant le marché jusqu'à ce que vous en trouviez une qui soit aussi belle. Et à la première bouchée, vous découvrez, ô combien elle est exquise ! D'où vient cette envie ? Il se peut qu'au même moment, votre âme sœur ait cueilli la pêche, l'ait essuyée sur sa chemise, en ait pris une bouchée pleine et juteuse et que cela vous soit carrément monté à la tête. Si une chose stimule irrésistiblement votre appétit, c'est sans doute que votre âme sœur en fait son repas à l'heure même. Si vous êtes pris d'une envie irrésistible de vous dévêtir et de plonger dans un étang, c'est que votre âme sœur, quelque part, s'est déshabillée, a pris un bain délicieux dans un étang et en est ressortie toute rafraîchie! Voilà souvent d'où proviennent vos envies, et elles font le va-et-vient entre vous deux. Tout ce que vous faites, votre âme sœur le ressent, non pas avec son corps physique mais avec son corps spirituel. Vous comprenez?

L'auditoire : Oui.

Ramtha : Votre âme sœur et vous êtes unis pour toujours. Pour ce qui est de vos vies, nous les considérerons comme distinctes l'une de l'autre. Et cependant les deux forment un seul dieu, engagé dans une aventure fantastique. Vous êtes un dieu s'exprimant à la fois en homme *et* en femme. Que vous vous rencontriez ou non, vous représenterez toujours cette unité, cet être entier qui n'est ni mâle ni femelle mais les deux à la fois. Pendant dix millions d'années vous avez fait l'expérience de ce plan, ensemble.

Vous pouvez maintenant réfléchir à ce que je viens de vous dire. Allez vous rafraîchir, passez aux toilettes, bougez et revenez ici sous peu. Nous enchaînerons. Qu'il en soit ainsi!

L'auditoire : Qu'il en soit ainsi.

Vendredi, 10 janvier 1986
Deuxième session

Après l'intermède, les gens rentrent et s'asseoient. Ramtha reprend l'audience.

Ramtha : Vous, maîtres bien-aimés, qui avez déjà entendu cet enseignement, levez-vous et demeurez un moment où vous êtes. *(Ils se lèvent.)* Vous, de ce côté, qui n'avez *pas* déjà entendu cet enseignement, levez-vous et allez prendre leurs places. Je veux tous les « habitués » du même côté. Alors, changez. *(Dans le brouhaha, les gens changent de place.)* Il n'y a rien de tel qu'un brin de confusion, n'est-ce pas ?

Une femme : Ramtha, voulez-vous dire les personnes qui ont déjà assisté à une session quelle qu'elle soit ou seulement celles qui étaient à la dernière session sur l'âme sœur ?

Ramtha (élevant la voix) : Je parle de ceux qui étaient de la dernière session sur l'âme sœur. Qu'ils s'asseoient de ce côté-ci. Et que les autres prennent leurs places. Je vous fais échanger vos territoires. N'est-ce pas merveilleux ? Vous aurez un nouveau voisin.

(Quand tout le monde s'est installé.) À partir d'ici, l'enseignement sera en quelque sorte « double ».

(Se tourne vers les « habitués ».) Alors, vous voilà isolés du groupe. L'enseignement sera le même pour tous, mais vos « messagers » seront différents des leurs.

(Levant son verre.) À la vie ! Pour toujours et à jamais ! Qu'il en soit ainsi !

L'auditoire : Qu'il en soit ainsi !

Ramtha : Quand je vous ai laissés, je vous ai dit de contempler un peu et vous avez contemplé... un tout petit peu ! Vous

vous êtes promenés et vous vous êtes toisés les uns les autres. Maîtres, sachez que si moi, je décidais de vous « toiser » vous ne seriez déjà plus assis ici.

Dans l'introduction, nous avons parlé de la création et des tribulations qui vous ont amenés à une croisée de chemins, à une séparation. Maintenant, vous avez une idée de ce qu'est une âme sœur. C'est l'*autre* moi.

Il n'y a pas de moi *supérieur* ou de moi *inférieur*. Le saviez-vous ? De toute façon, ce n'est pas dans votre intérêt de parler de votre « moi supérieur » parce que cela vous rabaisse. Car si une partie de vous est supérieure, une autre partie *doit* forcément y être inférieure.

Le dogme spirituel est rempli d'esprits et de guides, entités invisibles censément supérieures à vous en grandeur et en puissance. Entités, rien ne vous est supérieur, *rien* !

Vous ne possédez pas de moi supérieur. Vous savez, si vous persistez dans cette croyance, vous vous faites faux bond. Savez-vous ce que l'expression « joindre les deux bouts » veut réellement dire ? C'est une superbe expression qui signifie ramener le négatif et le positif au centre, là où règne la paix. Et, c'est beaucoup plus difficile de « joindre les bouts » quand il y en a plusieurs, quand il y a une multitude de moi à joindre ! C'est toute une gymnastique : il faut attraper votre moi supérieur et le rabaisser tout en attrapant votre moi inférieur pour le relever.

Si vous voulez croire à vos multiples moi, vous abandonnez votre pouvoir à un dogme — une vérité fabriquée, sans substance et sans valeur. Vous comprenez ? Vous êtes plein de dogmes ! Et ces dogmes font partie des choses qui obscurcissent votre lumière.

Dieu *est*. L'Être a la simplicité d'une ligne. « Celui qui est » est simple, simple, simple !

Savez-vous ce qu'est le génie ? C'est la capacité de saisir la simplicité. Savez-vous ce qu'est l'intellect ? La complexité. La complexité est la limitation ; la simplicité est l'illimité. Vous comprenez ?

Avec votre intellect et vos complexités, vous faites une montagne de tout et de rien ! Vous faites de tels cas à partir de choses toutes simples, qu'il vous est ensuite très difficile de sortir de l'illusion pour voir la réalité.

Tenter de vous communiquer la science de l'âme sœur ressemble à essayer de trouver son chemin dans un labyrinthe. Les murs de ce labyrinthe sont vos dogmes, vos croyances limitées et votre esprit fermé. Et plus vous fermez votre esprit, votre merveilleux récepteur, plus vous vous limitez et plus le labyrinthe s'étend.

Chaque fois que vous *croyez* en quelque chose, vous renoncez à votre pouvoir au profit de cette croyance. Le saviez-vous? Pas étonnant que vous soyez malades! Pas étonnant que vous ne puissiez pas vous guérir! Vous êtes incapables de quoi que ce soit parce qu'au lieu de donner libre cours au génie que vous avez en vous, vous ne pensez que ce que les autres pensent. Vous vivez de la « conscience sociale », des pensées limitées des autres. Vous vivez par procuration. Et en agissant ainsi, vous abandonnez votre pouvoir.

(S'adressant au groupe des « nouveaux ».) Si je vous ai séparés d'eux, c'est parce qu'ils reçoivent déjà des « messagers ». Ceux-là sont plus avancés que vous l'êtes. Mais ils sont encore dans leur labyrinthe; et je vais les aider à en sortir.

Même si je m'adresse à vous personnellement, qui êtes ici présents, vos âmes sœurs entendront aussi mon message. Ce que vous ressentirez durant cette session, votre âme sœur le ressentira également. Elle en aura des éclairs de conscience psychiques.

Maintenant : l'union du moi. Chacun de vous possède un autre « vous » qui n'est ni supérieur ni inférieur, qui est tout simplement « l'autre ». Dans sa forme illimitée, on l'appelle « Je Suis ». Saviez-vous que « Je Suis » est le « Tout-en-Tout », sans murs, sans frontières, sans appendices? Saviez-vous que « Je Suis » est la confirmation de l'unité du moi pour toujours et à jamais? Cela est bon pour vous et pour l'autre « vous » que vous êtes.

Maintenant, écoutez-moi! Vous avez la mauvaise, très mauvaise habitude de ne pas écouter tout ce que je dis. Vous aimez isoler des phrases et dire : « Ceci est loi! ». Vous prenez une partie de l'enseignement et vous vous y accrochez. Mais qu'arrive-t-il aux autres choses que j'ai dites? Si vous voulez apprendre, alors écoutez *tout*, pas seulement ce que vous *voulez* entendre. Écoutez tout. Sinon, vous deviendrez un *fanatique!* Savez-vous ce qu'est un fanatique? Je vais vous envoyer un fanatique qui n'a jamais tout saisi, seulement des parties. On trouve des fanatiques partout, dans les cultes et les religions, partout. Je vous en envoie un et vous allez vous arracher les cheveux! Pourquoi je fais cela? Je veux que vous soyez conscients de ce que *je* ressens quand je *vous* parle. Qu'il en soit ainsi! Et je vais m'asseoir et rire de bon cœur!

(Aux « habitués ».) Revenons-en à vous! Cet enseignement est un continuum aux parties indissociables, et pourtant vous n'en retenez que les choses que vous voulez bien retenir. Vous vous assoyez patiemment, acquiescez de la tête, buvez votre eau, et attendez cette chose que voulez vraiment entendre. Et quand vous l'entendez, vous bondissez de joie! Car, prise hors de contexte, cette chose, cette phrase va dans le sens d'un de vos dogmes. Cela est agir en fanatique! Cela n'est pas évoluer depuis le positif/négatif jusqu'au centre; c'est tendre vers un extrême et faire pencher la balance.

Il y a plusieurs entités qui prétendent m'aimer grandement mais immanquablement elles isolent toujours mes enseignements de leur contexte — et elles le font en *mon* nom. Connaissez-vous l'expression « ras le bol » ? Je ne suis pas content du tout.

Quand je vous enseigne, je vous offre une intelligence *complète*, et je vous offre en sus des miracles. Certes, vous pouvez en tirer les extraits que vous voulez mais n'allez pas prétendre ensuite qu'ils représentent la *totalité* de mon enseignement. C'est faux! *Jamais* vous ne comprendrez la totalité de cet enseignement avant d'avoir abandonné toutes vos formes limitées, car ce que *je* suis est illimité!

Les fanatiques sont des entités dogmatiques. Ils s'accrochent à certaines phrases qui deviennent leur vérité, leur seigneur, leur phare, leur feu, leur flamme. Et ils oublient « d'être », et de « permettre » — ces mots divins qui expriment la joie illimitée et mouvante que vous tous possédez. Vous vous laissez prendre au piège des mots, des phrases-clés et vous laissez de côté la joie, l'amour, le lien.

Les fanatiques deviennent vite encore plus limités dans leur vérité. Ils sont tellement en colère, tellement frustrés et malheureux qu'ils finissent par se placer au-dessus du monde entier. Ils iraient même jusqu'à *anéantir* le reste du monde pour faire valoir leur point de vue et leur vérité ! *Malheur à vous qui prenez mes mots hors contexte et tombez dans le fanatisme,* car je vous renverrai cette vérité limitée *mille fois,* jusqu'à ce que vous disiez : « Assez ! Quel *était* le reste de l'enseignement ? » Marché conclu ?

L'auditoire : Marché conclu.

Ramtha : Qu'il en soit ainsi ! Tout ce que j'ai dit, tous les mots que j'ai prononcés, je l'ai fait au service de cette unique et grande vérité : *vous êtes Dieu.* Lorsque vous réalisez cela, vous êtes *tout ce qui est.* Alors, il n'y a plus de guerres, de croyances et d'illusions. Il n'y a que la Vie, splendide, illimitée. Lorsque vous réalisez cela complètement, vous recouvrez votre pouvoir dans sa totalité ! Et c'est ce pouvoir qui ouvrira votre récepteur et vous permettra, si vous en venez à perdre votre bras, de dire : « Pousse » ; et de voir un nouveau bras pousser à la place de l'ancien, instantanément. Avec ce pouvoir, il vous suffira de vouloir contempler l'autre côté du soleil pour aussitôt vous trouver de l'autre côté du soleil ! C'est d'un tel pouvoir dont je parle ! Et pas *un* seul de vous ne l'a réclamé.

Tout ce que j'ai dit, c'est que vous êtes Dieu. Et quand vous le saurez, la joie sera votre récompense, et la vie sera l'aventure épique dans laquelle vous réaliserez votre divinité.

Les âmes sœurs sont Dieu. Elles sont Dieu ! Votre âme sœur et vous n'êtes pas des moitiés de dieu avec une part d'intérêt dans l'autre moitié. Vous êtes aujourd'hui un dieu vivant né dieu, un dieu entier, individuel. La grande aventure consiste à vous embarquer tous les deux dans la vie, à sortir du rêve, à vous enrichir de la sagesse du rêve et à passer de l'esprit limité à l'esprit illimité. Qu'est-ce que la Supraconscience ? C'est l'Esprit Illimité. C'est l'état dans lequel votre cerveau fonctionne intégralement.

Vous vous croyez intelligents? Saviez-vous que vous n'utilisiez que moins d'un tiers de votre pouvoir cérébral? Alors ne me dites pas que vous êtes intelligents.

Certaines entités parmi vous sont en train de s'effondrer intérieurement. Leur cerveau se referme parce que ce sont des entités *décadentes*. Elles ont perdu la vertu morale qu'est la joie de vivre. Et quand leur cerveau se sera refermé pour de bon, elles ne seront plus de ce plan. Plus jamais.

Pour comprendre ce que je vous enseigne, il faut que vous le ressentiez, *entièrement*! Répéter des mots et des phrases ne vous apprendra rien!

Depuis des millénaires, vous avez la mauvaise habitude de prendre les choses hors de leur contexte. Vous avez altéré et réécrit le message de tous les grands maîtres qui ont vécu sur ce plan afin d'ajuster leur vérité à votre goût. Ainsi, vous avez modifié la valeur des connaissances qu'ils vous transmettaient. Eh bien, mon message à moi restera inaltéré, pour toujours. Pour votre bien.

Personne parmi vous, personne ayant jamais assisté à une session ne peut parler en mon nom. Vous pouvez seulement parler pour vous-même. Ces enseignements conserveront leur pureté et vous rappelleront constamment que vous êtes une lumière pour ce monde. Quand vos « messagers » vous auront visités et que votre vie aura changé, s'il vous arrive d'oublier, vous pourrez toujours revenir et écouter de nouveau ces enseignements. Ils seront toujours là. Cela s'appelle l'éternité. Et ils vous aideront à demeurer centrés et à continuer votre chemin. Vous comprenez?

L'auditoire : Oui.

Ramtha : Et maintenant : la quête de l'âme sœur. Certains d'entre vous sont prêts à balancer mari, femme, amant ou amante pour partir à la recherche de la licorne. Vous êtes prêts à abandonner vos familles et à renoncer à votre petit bonheur pour vous mettre à chercher une chose que vous ne pourrez *jamais* posséder tant que *vous ne vous posséderez pas vous-même*. Si vous abandonniez ce que vous avez acquis jusqu'à présent pour rechercher l'âme sœur, je peux vous assurer que vous vous brûleriez : ce ne serait pas aller de l'avant, ce serait reculer. Vous voulez retrouver la vertu des premiers temps mais elle est perdue à tout jamais. Vous ne pourrez plus *jamais* être celui ou celle que vous étiez au moment où pour la toute première fois, vous vous êtes vu reflété dans vos propres yeux, c'est-à-dire les yeux de l'autre « vous ». Trop de choses se sont passées depuis.

Prenez un moment pour contempler ceci : quand vous avez regardé pour la première fois dans les yeux de votre âme sœur, aviez-vous déjà violé quelqu'un ? Aviez-vous déjà tué quelqu'un ? Aviez-vous vécu dans la décadence ? Aviez-vous volé quelqu'un ? Vous étiez-vous déjà cru sans âme ? Aviez-vous déclaré la guerre à votre voisin ?

Étiez-vous pieux ? Étiez-vous pauvre ? Étiez-vous riche ? Viviez-vous de la prostitution ? Étiez-vous un prêcheur ? Étiez-vous confus ?

Quand vous avez regardé dans les yeux de « l'autre » pour la première fois, aviez-vous déjà fait l'expérience de la mort ? Aviez-vous vécu dix millions d'années, vie après vie ? Regardiez-vous seulement les seins et le postérieur de votre âme sœur comme vous faites à présent ?

Qui regardiez-vous cette première fois ? Un être *vierge*, une *aventure* à son commencement, sans expérience.

Vous ne pourrez *jamais* retrouver ce splendide moment. Il fait partie d'un lointain passé. La vertu de ce moment est bien sûr conservée dans la mémoire de votre âme mais vous ne pourrez jamais y retourner, car le moment est *maintenant*. Vous êtes trop « intelligents » — et trop limités — pour avoir encore cette innocence. Vous devez regarder vos âmes *maintenant*. Comprenez-vous ?

L'auditoire : Oui.

Ramtha : Maintenant, voyons combien de sagesse vous avez acquis en votre âme. Il est temps de vous débarrasser de vos dogmes, de sortir du labyrinthe et de revenir au centre.

Connaissez-vous des entités qu'on appelle des « extrémistes » ? Savez-vous ce qu'est un extrémiste ? Non ? Je vous en envoie un ; qu'il en soit ainsi !

Vous êtes tous des extrémistes. À chacun de vos moments, vous habitez un extrême ou l'autre. Quand il vous arrive quelque chose de « bien », vous dites que c'est positif. Mais savez-vous ce qui correspond au « positif » ? C'est le sexe masculin. Et quand il vous arrive quelque chose de « mal », vous dites que c'est négatif. Vous savez ce qu'est le « négatif » ? Le sexe féminin. Maintenant vous savez pourquoi vous avez de la difficulté avec l'égalité des sexes.

Avez-vous déjà « permis » à une chose d'être, sans la juger bonne ou mauvaise, positive ou négative, supérieure ou inférieure ? Avez-vous déjà perçu quelque chose simplement comme « étant » ? Seulement dans la conscience appelée « être/étant/permettre » a-t-on dépassé les extrêmes de l'énergie positive/négative et dépassé les limites du jugement. Tant que vous vivrez dans la polarité, votre vie sera régie par les dogmes. Tant qu'il y aura le « bien », il y aura également le « mal ». Car chaque fois que vous jugez qu'une chose est « bien », vous devez créer un « mal » pour compenser. Le saviez-vous ? Chaque fois que vous embrassez l'appréciation du « bien », vous attirez à vous le « mal », le pôle opposé. Maintenant vous savez pourquoi les choses ne vont pas toujours « bien ».

Êtes-vous prêts pour une révélation ? Considérez toutes les bassesses que vous ayez jamais faites. *(Après une courte pause.)* Allons ! En même temps, toutes les choses formidables que vous avez faites vous viendront aussi à l'esprit. (Comprenez-vous maintenant *comment* cela fonctionne ?) Allons ! Considérez la mesquinerie — vous savez, toutes les choses que vous faites dans vos fantasmes et toutes les choses que vous avez faites dans le passé ? Avez-vous déjà arraché les ailes d'un papillon ; ou donné un croche-pied à un autre enfant ? Ce genre de bassesses.

(Après avoir accordé à l'auditoire quelques instants de réflexion.) Maintenant, maîtres, on vous a appris que Dieu vous juge. Mais, Dieu, l'Être, ne vous a jamais jugé. Jamais ! C'est l'*homme*, agissant au nom du Père, qui vous a jugé. Savez-vous que si le Père, qui est « le Tout-en-Tout », vous avait jugé pour la moindre petite méchanceté que vous ayez jamais commise, ni vous ni la vie

n'auraient plus existé à l'instant ? L'Être est sans bien ou mal, sans vrai ou faux. L'Être est sans perfection ou imperfections, sans négatif ou positif. Dieu *est*. Dieu est « l'État d'être » de tout ce qui est parce que Dieu est tout ce qui vit. Alors si Dieu vous avait jugé, il se serait jugé lui-même, puisque ce que vous êtes, Il l'est aussi.

Vous n'avez jamais été jugé par Dieu, « Celui qui est », la Vie. Vous seul vous êtes jugé vous-même. Vous savez pourquoi ? Parce que vous appelez certaines choses bonnes et d'autres mauvaises. Vous comprenez ?

L'auditoire : Oui.

Ramtha : Comment vivriez-vous sans le bien et le mal ? Heureux ! *(Levant son verre.)* Au bonheur !

L'auditoire : Au bonheur !

Ramtha : Certains d'entre vous ne veulent pas abandonner la notion du bien et du mal parce que sans elle, ils ne pourraient plus juger leur voisin, et ils aiment bien juger leur voisin. Sans le bien et le mal, vous ne pourriez plus vous croire supérieur aux autres. Vous comprenez ?

Maintenant, en ce qui concerne le labyrinthe et la quête du moi, il y a une autre vérité qui s'applique : toutes les pensées qui entrent dans votre cerveau, toutes les pensées que vous vous permettez de ressentir dans votre âme, toutes se réalisent. C'est pourquoi la notion du bien et du mal est une grande limitation qui divise les pensées ; elle ne *permet* pas à toutes les pensées d'être reçues et d'être connues émotionnellement. Comprenez-vous ?

Avant de trouver votre chemin dans le labyrinthe, vous devez comprendre que le jugement est la chose qui *empêche* la connaissance et qui *limite* la réceptivité à la vérité. C'est pourquoi les mots « être » et « permettre » sont des mots exceptionnels de votre vocabulaire. Ils créent en vous un état de conscience d'où le jugement est exclu, permettant ainsi la manifestation de la Supraconscience, l'*esprit illimité.*

(Aux « habitués ».) Nous avons déjà parlé de « centre ». Avez-vous bien écouté ? Eh bien, je vais vous envoyer sous forme de « messagers » tout ce que vous avez jugé depuis notre

dernière session. Je veux que vous reconsidériez vos jugements. Vous les reverrez, mais vous serez dans cet état de conscience, et je vous élèverai tous. Connaissez-vous les pénombres et la confusion ? Je vous élèverai au-dessus, toujours plus haut, jusqu'où règne la joie. Alors, vous comprendrez mes propos. Qu'il en soit ainsi !

Les « habitués » : Qu'il en soit ainsi !

Ramtha : Vous pouvez dire : « Je veux faire cette chose-ci. Je ne veux pas faire cette chose-là. » Vous n'avez pas à les ressentir comme des choses bonnes ou mauvaises. Suivez simplement votre désir et agissez ! Compris ?

Les « habitués » : Oui.

Ramtha (à tout l'auditoire) : Dieu tient à vous tous comme à la prunelle de ses yeux, car vous êtes ce qu'Il est. Et Dieu vous aime, certainement : qu'est-ce qui, pensez-vous, vous maintient debout, *misérables* entités que vous êtes ? *(L'auditoire rit.)* Vous savez, vous ne faites qu'occuper de l'espace — et devinez ce qu'est cet espace ? C'est l'Amour, qui est Dieu, « Celui qui est », la glue cosmique qui assure votre cohésion et vous permet d'expérimenter toutes les pensées que vous contemplez.

Lorsque vous vous débarrassez du bien et du mal, vous vous débarrassez de tous les dogmes jamais créés. Et vous trouvez Dieu. Si vous voulez sortir du labyrinthe et de l'ornière, si vous désirez être Dieu, sans limites, débarrassez-vous du bien et du mal et devenez sans jugements. Je vous apprendrai à être *sans* jugements.

(Levant son verre.) Nous buvons *beaucoup*. Mais c'est d'un *océan* dont vous auriez besoin ! À la vie !

L'auditoire : À la vie !

Ramtha : Avant de poser votre oreiller sur votre lit et votre tête sur votre oreiller, vous aurez jugé trois individus. Et si vous me dites : « Mais, maître, je n'ai rien *dit* à leur sujet ! », c'est que vous *ne m'écoutez* pas bien : vous pouvez demeurer assis à vous mordre les lèvres sans qu'un mot ne vous échappe, ce n'est pas ce que vous *dites* qui compte ; c'est ce que vous pensez et ressentez.

Je vous renverrai vos jugements. Vos pensées et vos sentiments à l'égard de votre prochain deviendront votre propre destinée, sur l'heure ! Vous les recevrez, d'ici quinze jours, et vous apprendrez à ne plus juger. Vous n'apprendrez pas à cesser de juger si je ne fais que vous le demander. Vous apprendrez si vous devenez ce que vous jugez chez les autres. Qu'il en soit ainsi !

Votre perception d'une tierce personne sera sans doute différente de celle de votre voisin, mais au bout du compte vous partagez le même point de vue limité. Bientôt, quand vous serez tombé de votre piédestal, quand quelqu'un vous aura dit vos quatre vérités, vous aura giflé une joue et puis l'autre, bientôt vous saisirez. Et qui aura créé tout cela ? *Pas* moi ; je ne fais que renvoyer vos jugements à leur source. *Vous* l'avez créé.

L'expérience instruit. Comment l'enfant découvre-t-il que le feu brûle ? En touchant la flamme du doigt et en se brûlant. Ainsi je vous envoie les « messagers » du jugement. Marché conclu ?

L'auditoire (peu enthousiaste) : Marché conclu.

Ramtha : Il n'y a plus beaucoup de réponses tout à coup ! *(L'auditoire rit.)* Je comprends.

Et maintenant : le paradis. Le paradis que vous connaissez est peuplé de l'élite, de la crème de la crème, et seuls ceux qui n'ont pas l'ombre d'un défaut peuvent espérer s'y rendre. Mais, maîtres, n'aspirez pas au paradis ; aspirez à la connaissance. La connaissance *crée* la conscience du paradis.

Que gagnez-vous à dépasser le jugement ? Savez-vous ce qu'est l'utopie ? Vous écoutez les nouvelles internationales, n'est-ce pas ? Vous possédez un formidable réseau de communication qui recueille les informations, les actions et réactions de tous les coins du monde — et elles sont très décourageantes pour la plupart ! Pourtant, il fut un temps sur ce plan où toutes choses coexistaient, se mouvaient et partageaient de façon harmonieuse. Cette harmonie reviendra très bientôt mais, avant, votre plan devra subir un réveil brutal.

Vos gens vivent dans la décadence. Ils s'écroulent dans leur âme. Ils s'écroulent dans leur esprit. Ils ne savent même pas ce qu'est le bonheur — et vous non plus !

Une grande intimidation descendra sur ce plan. Elle vient du jugement, de la polarité du jugement. Mais lorsque ses pôles ne seront plus, (le bien et le mal, le vrai et le faux) il n'y aura plus de collision positif/négatif. Vous n'aurez plus la guerre, vous n'aurez plus la paix ; vous n'aurez que la vie. Vous n'aurez plus la peur ; vous n'aurez que la vie.

Et maintenant, je vous offre à tous un grand cadeau. Pendant ces trois jours de votre temps, vous allez vivre dans la Supraconscience ; je ferai en sorte que vous l'expérimentiez. Vous connaîtrez une utopie noble et brillante où la peur n'existe pas. Le génie viendra en vous et vous ne trouverez pas de mots pour le décrire. Comment décrire un sentiment ? Vous retrouverez la santé. Vous regarderez les autres et verrez les visages de vous-même. Vous perdrez l'envie de juger. Voilà ce qui vous attend quand vous revenez au centre du positif/négatif et retrouvez « Celui qui est ». Voilà la merveilleuse récompense de l'être et du devenir.

Pendant trois jours, vous goûterez à l'utopie, à son potentiel, à ce que *sera* ce plan. Qu'il en soit ainsi !

L'auditoire : Qu'il en soit ainsi !

Ramtha : Ainsi donc, les âmes sœurs partagent leurs expériences et vous êtes riche non seulement de *vos* propres incarnations sur ce plan, mais aussi de la sagesse que votre autre moi vous communique.

Vous ne rencontrerez pas tous votre âme sœur. Et c'est un soulagement pour certains d'entre vous qui n'y êtes pas préparés. Si demain vous rencontriez votre âme sœur sans auparavant avoir fait le « ménage » en vous, cette rencontre au lieu d'être joyeuse serait explosive et impitoyable. Vous comprenez ?

Vous, femmes, votre plus grande limitation est votre besoin de survivre. Le saviez-vous ? Votre insécurité passionnée vous pousse à courir après les hommes avec ferveur et exubérance. Et vous avez l'impression que vous devez soit leur *prouver* quelque chose, soit faire en sorte qu'ils vous appartiennent.

Vous voulez toutes trouver un conjoint, n'est-ce pas? Vous voulez trouver le parfait amant, celui qui vous aimera grosse ou bien laide, qui prendra soin de vous, sur qui vous pourrez compter, qui travaillera pour vous et qui vous laissera libre. Eh bien, je vous dis qu'il n'existe, sur ce plan et à cette heure, aucun homme à ce point divin ou chevaleresque, brave, puissant, noble, et capable d'aimer aussi librement. Les hommes sont dans le même bateau que les femmes; ils cherchent quelqu'un, comme vous — mais il se trouve que vous ne correspondez pas plus à leur idéal qu'ils ne correspondent au vôtre.

Vous êtes venues ici en espérant que je vous montre Monsieur Fantastique? Pas de chance. Ce que je veux, c'est vous montrer *Madame* Fantastique.

Je veux que vous compreniez — et je n'irai pas par quatre chemins. Vous avez toujours désiré au plus profond de votre âme trouver quelqu'un à qui vous pourriez appartenir et avec qui vous pourriez copuler. Cela vous vient de sept millions et demi d'années de lutte pour survivre. Vous ne connaissez pas mieux. Vous ne savez pas qu'il n'y a pas que le rapport physique qui compte. Cela fait partie du labyrinthe dans lequel vous vivez. C'est un des complexes dont vous êtes remplie.

Regardez-vous! Vous vous êtes regardée récemment? Pourquoi portez-vous des bijoux? Est-ce parce que cela *vous* fait plaisir ou bien est-ce dans l'espoir d'attirer le regard de quelqu'un? Vous arrive-t-il de sortir sans vous peindre le visage, sans vous orner d'or et de rubis et sans vous asperger de lourds parfums? Mais enfin, d'*où* vient cette senteur? Pourquoi n'est-ce pas *votre être* qui sent?

Comprenez que je vous aime, mais vous cherchez toujours ce quelqu'un de l'extérieur qui vous apportera ce que vous ne possédez pas à l'*intérieur*. Vous êtes de vraies passoires! Vous êtes criblées de trous émotionnels et vous fuyez de partout! Et plus vous êtes bizarres, plus vous fuyez. C'est une grande vérité. Elle ne vous plaît pas? Réfléchissez-y! Vous essayez de trouver quelqu'un pour remplacer ce qui vous manque au-dedans. C'est pour cela que vos amours ne fonctionnent pas. Vous ne trouverez *jamais* ceci ou cela que vous cherchez parce que ceci ou cela n'existe pas.

Vous savez, quand votre teint frais aura disparu, quand vous verrez votre première ride, quand vous aurez couché ici et là, vous commencerez à prendre conscience de la réalité. Le fantasme s'étiolera peu à peu. Puisque vous cherchez quelque chose pour combler le vide en vous, le vide causé par la polarité, vous vieillirez, perdrez vos dents, vos cheveux, votre corps se couvrira de taches, vous serez courbées sous le poids des années et vos doigts ne fonctionneront plus très bien. Et du coup vous n'attirerez plus aucun regard.

Et vos âmes sœurs? Que ressentent-elles? Les pauvres luttent pour leur *propre* identité, elles sont craintives et faibles parce qu'elles ressentent ces choses à travers vous.

Et vous, hommes, que cherchez-vous? Avez-vous été traînés ici par une femme qui a un œil sur vous? Recherchez-vous quelqu'un pour équilibrer votre folie et votre génie? Quelqu'un qui sera à vos petits soins? Que cherchez-vous au juste? Vous aussi cherchez quelqu'un pour combler les trous émotionnels dont vous êtes criblés.

Combien d'entre vous savent pleurer? Ceux qui savent pleurer ont déjà comblé de grands trous. Mais si vous n'aspirez qu'à réaliser les idéaux de la conscience sociale, sachez que vous ne les réaliserez jamais.

Rappelez-vous le Monsieur Muscle dont j'ai parlé ce matin. Afin d'entretenir son « image », il devient l'esclave de ses poids et haltères. Et s'il arrête de les soulever, savez-vous ce qu'il adviendra de ses muscles saillants? Ils deviendront flasques! Encore plus flasques qu'avant.

De quoi êtes-vous l'esclave? Qu'attendez-vous de votre âme sœur? Qu'elle vous passe la main dans le dos? Qu'elle flatte votre virilité? Vous ne saurez *jamais* ce que c'est que d'être un homme avant de pouvoir pleurer comme une femme et être courageux comme un guerrier. Vous ne le saurez jamais avant d'aimer tous les aspects de vous-même, et vous en êtes loin. Vous vous cachez dans le rôle du soutien de famille. Vous vous cachez derrière le masque de l'homme fort et séducteur, derrière l'image que vous vous faites de la virilité.

Et vos pénis ? Qu'allez-vous faire le jour où vous deviendrez impuissants ? Qu'allez-vous faire de votre forme idéale ? Si vous ne pouvez pas copuler ou avoir une érection, qu'êtes-vous ? Hum ?

Vous aussi êtes criblés de trous parce que vous n'aimez pas qui vous êtes. Vous aimez une image que le temps effacera peu à peu et quand l'image ne sera plus, il ne vous restera plus rien.

Vous ne savez pas comment pleurer. Vous ne savez pas dire : « J'ai peur. » Vous ne savez pas rompre avec honneur. Vous ne savez qu'être *sexuel*.

Que cherchez-vous tous ? Quelqu'un qui éveille en vous le sentiment de ce qui vous *manque*, de ce que — de votre propre aveu — *vous n'êtes pas*.

Maîtres, réveillez-vous ! Tant que vous aurez un esprit limité et des croyances limitées, vous vieillirez, vous deviendrez impuissants, vos doigts se recroquevilleront, vos cheveux grisonneront... et vous mourrez. Et qu'aurez-vous fait entre temps ? La chasse à une illusion.

Comment faire pour trouver votre âme sœur ? Vous l'attirerez à vous comme un aimant puissant lorsque vous commencerez à vous aimer et à boucher les trous par lesquels vous fuyez si abondamment. Lorsque vous vous regarderez dans un miroir et aimerez ce que vous verrez — parce que vous saurez que votre beauté est *invisible* — alors tous les trous auront été bouchés. Lorsque vous pourrez dormir la nuit sans faire de cauchemars, les trous auront été bouchés. Ils auront été bouchés le jour où vous pourrez être en société *sans* être sexuel. Mieux vous les boucherez et plus vous vous connaîtrez intimement, plus proche sera votre rencontre avec cette magnifique entité. Et l'épanouissement de votre être et de votre amour pour vous inspirera votre âme sœur. Cette connaissance lui parviendra, car vous êtes la même âme et vous partagez la même sagesse.

À travers l'amour de vous-même, vous devenez un christ. Et quand le christ s'éveille en vous, un frisson parcourt votre âme sœur. Alors vous êtes deux sur le chemin du Un immaculé.

(Lève son verre et salue l'auditoire.) Je vous aime. Je vous *aime*! Qu'il en soit ainsi!

L'auditoire : Qu'il en soit ainsi!

Ramtha : Le prochain « messager » sera un miroir immaculé, un reflet *sans* trous, le reflet de vous-même vous aimant. Je vous l'envoie à tous. Quand vous êtes en proie à l'insécurité et à la peur, vous ne vous aimez pas. C'est pourquoi je vous envoie une vision qui dépasse ce rêve et dans laquelle vous vous verrez comme une entité confiante et intrépide. Qu'il en soit ainsi.

Quelques-uns attendent encore ce miroir. J'amènerai ceux qui l'ont déjà vu à l'étape suivante. Je vous montrerai le reflet de tous les aspects de votre génie. Vous n'avez pas vu ce miroir depuis votre venue sur ce plan. Sauf que le miroir est maintenant *chargé* du trésor de la sagesse. Qu'il en soit ainsi!

(Il observe l'auditoire, soulève son verre et se met à parler plus lentement, en pesant ses mots.) C'est assez pour aujourd'hui. Nous avons accompli de grandes choses. Et vous avez une *foule* de « messagers » à accueillir.

(Porte un toast.) Aux âmes sœurs!

L'auditoire : Aux âmes sœurs!

Ramtha : C'est tout. Je vous aime! Qu'il en soit ainsi!

Samedi, 11 janvier 1986
Session du matin

Sur l'estrade, Ramtha attend patiemment pendant que les gens rentrent, parlent et s'assoient pour la seconde journée. Il les observe en se frottant doucement le visage comme il le faisait autrefois, du temps où il portait la barbe. Quand tout le monde est installé, il descend de l'estrade et se promène dans l'auditoire, s'arrêtant parfois pour parler à quelqu'un. Ramtha s'avance vers un homme.

Ramtha (lui baisant les mains) : Je suis heureux que vous soyez venu. *(Montrant du doigt le cristal que l'homme porte autour du cou.)* Qu'est-ce cela ?

L'homme : C'est un cristal.

Ramtha : Pourquoi le portez-vous ?

L'homme : On m'a dit que si je le plaçais sur mon cœur, sur mon quatrième chakra, en le chargeant d'amour pour moi, cette énergie resterait avec moi.

Ramtha : Savez-vous ce qu'est une amulette ? Ce que vous portez est une amulette. Saviez-vous qu'en donnant à un objet le pouvoir de stabiliser votre propre pouvoir, en fait l'inverse se produit ? Vous perdez votre pouvoir. *Vous* seul êtes maître de vous-même. Vous comprenez ? C'est un beau bijou, en effet. Mais c'est un esclavage.

(S'approchant d'une femme qui prend des notes.) Pouvez-vous transcrire un sentiment ?

La femme : Non.

Ramtha : Ce ne sont que des pense-bêtes, hein ?

La femme : Je vous aime, Ramtha.

Ramtha : Je suis digne de votre amour, maître, mais vous l'êtes aussi.

La femme : Oui.

(Ramtha retourne vers l'estrade, s'arrêtant à l'occasion pour échanger des regards avec des membres de l'auditoire. De retour sur l'estrade, il porte le premier toast de la journée.)

Ramtha : À une vie plus grande ! Pour toujours et à jamais ! *(D'une voix puissante.)* Qu'il en soit ainsi !

L'auditoire : Qu'il en soit ainsi !

Ramtha : Buvez goulûment, vous qui ne faites que tremper vos lèvres. *(Vidant son verre d'un trait.)* Je vous aime. En effet !

Je suis Ramtha l'Illuminé, votre frère bien-aimé, en effet, votre maître bien-aimé. Vous avez appris, vous avez absorbé et vous êtes entrés dans une compréhension plus grande. Je vous salue du seigneur-dieu de ma totalité.

Il y en a parmi vous qui tiennent à être malheureux. Je dis ce qui est. Si vous voulez être malheureux, qu'il en soit ainsi ! Savez-vous ce que « vouloir » signifie ? *(N'obtenant pas de réponse, il reprend en élevant la voix.)* Le savez-vous ?

L'auditoire : Oui !

Ramtha : Vous *devriez* le savoir. C'est le mot le plus usité de votre langue. Je le sais ; j'ai fait ma petite enquête !

Tous, vous voulez, voulez, voulez ! Et c'est très bien, car « vouloir » met en mouvement l'engrenage de la manifestation.

Âmes sœurs, écoutez bien ceci : j'observe vos vies, je vois vos obsessions, vos dépressions, vos limitations, vos ennuis, vos maladies et je vois qui les a créés. C'est vous qui les avez tous créés. Tout ce que vous êtes à l'intérieur de ce rêve, vous l'êtes par votre *volonté.* Le saviez-vous ? Riche ou pauvre, roi ou mendiant, célibataire, marié, inquiet, confiant, heureux ou malheureux ; vous l'avez fait ainsi, vous l'avez voulu.

Et vous blâmez le reste du monde pour tous vos problèmes. Connaissez-vous le rêve ? C'est la conscience sociale, vos parents, votre gouvernement, votre environnement, votre chien. Et vous tenez le rêve responsable de votre malheur. Eh bien, rêveurs, c'est vous qui dormez et c'est vous qui allez mourir.

Pour devenir souverain, vous devez réaliser que vous avez créé votre vie selon votre propre volonté. *Ni* votre mère *ni* votre père ne sont à blâmer pour *quoi que ce soit* dans votre vie ! Vous les avez choisis comme parents afin qu'ils vous procurent un véhicule d'expression. Vous avez *choisi* leurs caractéristiques génétiques — le sperme, l'œuf, les émotions dont leurs structures chromosomiques étaient empreintes. Vous avez choisi le moule génétique qui vous convenait. Alors, vos parents, qu'ont-ils fait à part être eux-mêmes ?

Pour devenir souverain, un maître doit d'abord reconnaître qu'il a lui-même créé sa vie et tout ce qui se trouve dans son royaume. Il devient *conscient* qu'il a tout choisi. Et cet état de conscience fait grandir son pouvoir, le ramène à sa source. Alors il est en train de s'éveiller du rêve. Assumer la responsabilité pour votre vie et savoir que vous avez *tout* créé et attiré à vous, vous libérera de la culpabilité, du blâme et de la haine. Cela ramènera la paix chez vous.

Plusieurs se plaignent d'avoir l'esprit « perturbé ». Devinez à qui la faute ? Assumez-en la responsabilité. Comment réussir à vous « déperturber » ? Par la volonté ! La santé mentale ne dépend pas de la psychologie mais du « vouloir ». Il n'existe aucun problème qui ne puisse être résolu en un clin d'œil. Aucun. Aucun.

Le maître est celui qui s'éveille du rêve et prend possession de lui-même. Je sais qu'il est difficile de simplement s'éveiller. Mais que cherchez-vous au juste ? Pourquoi êtes-vous ici ? Parce que vous voulez accéder à la connaissance indicible. Le dormeur doit d'abord s'éveiller de son rêve avant de pouvoir *ressentir* la connaissance. Ensuite, il peut *vivre* la connaissance !

Le maître est celui qui dit : « J'ai choisi chaque élément de ma vie pour en faire l'expérience. Et j'ai appris de chacun. J'ai grandi en sagesse grâce aux expériences de ma vie. »

Saviez-vous que personne n'est une « victime » ? *Sévère* enseignement, n'est-ce pas ? En éliminant la notion du bien et du mal, en embrassant la vie dans sa continuité indissociable, dans son éternité, il n'y a plus de victimes ; il n'y a que la vie. C'est la notion de « victime » qui attire à elle la notion de « bourreau ».

Maintenant : le « vouloir ». Toutes les expériences que vous avez faites au cours de votre vie, vous les avez *voulues* pour la *sagesse émotionnelle* que vous pouviez en tirer. L'important n'est donc pas le jeu de l'*action* mais le trésor — la sagesse — de la *ré-action*. Et vous avez tous gagné le trésor de vos expériences. S'il ne s'est pas encore transformé en sagesse, c'est qu'il est encore voilé par la culpabilité, l'insécurité, le blâme et le sentiment d'échec. Lorsque vous prenez vos responsabilités et déclarez : « J'ai tout créé », alors la culpabilité et l'échec n'existent plus. Il n'y a que la réussite et la sagesse. Lorsque vous assumez la responsabilité pour votre vie, vous cessez de blâmer vos parents, votre partenaire, votre mari, votre femme, vos enfants, votre chien, la société, etc. Vous cessez de haïr puisqu'il n'y a plus rien *en dehors* de vous qui crée la polarité victime/bourreau, polarité qui vous force à haïr le bourreau parce que vous posez en victime. Est-ce que vous comprenez ? Assumer la responsabilité pour sa propre vie, c'est éliminer toutes ces choses. Réaliser que vous avez créé le rêve, c'est vous éveiller et retourner à la maison.

Le maître sait qu'il est responsable de tout ce qui se trouve dans son domaine. Savez-vous quel est son domaine ? C'est sa réalité et c'est sa vie. Un maître est responsable de cela. Sa responsabilité ne s'étend *pas* à l'humanité entière, elle ne comprend que lui-même. Cette connaissance mettra fin au règne des leaders, des prêtres, des oracles et des médiums, car le maître ne se tourne jamais vers un autre pour obtenir les réponses à ses questions. Chaque fois que vous demandez conseil à quelqu'un, vous vous éloignez de la connaisance. Maintenant, vous savez pourquoi un maître chemine en solitaire.

Le maître *connaît* sa destinée, car il possède le pouvoir d'un christ qui s'éveille. Il lui suffit d'y penser, de vouloir connaître une chose pour qu'aussitôt elle lui soit révélée. Si vous suivez les autres comme un mouton, si vous appartenez à une secte ou à un culte, vous cédez votre pouvoir, vous dormez.

Maintenant, vous voulez des manifestations ? Vous voulez changer l'eau en vin, faire apparaître du pain dans vos mains et des pièces d'or dans vos coffres ? Tant que vous suivrez les autres, vous ne pourrez *jamais* le faire ! Vos désirs « extérieurs » seront toujours inassouvis parce qu'il vous manquera le pouvoir de les appeler de « l'intérieur » ! Tant que vous suivrez, tant que vous vous tournerez vers l'extérieur pour les réponses à vos questions, vous perdrez votre aptitude à connaître. Le christ demeurera latent en vous.

Toutes les religions vénèrent une entité invisible. Ce que je vous enseigne n'est pas une religion — et je ne suis pas invisible, *loin de là* : je suis ici présent. Vous êtes ici pour acquérir une connaissance que les mots ne peuvent cerner. Vous êtes ici pour apprendre l'amour de Dieu. Sachez que l'amour de Dieu est en vous. Le royaume des cieux ne se trouve pas au-delà de la lune ou d'Alpha du Centaure. Le ciel est en vous ! Dieu, le Père, la lumière qui consume toutes choses est en vous ! Vous *êtes* cette présence, ce pouvoir, cette splendeur.

Vous êtes mes frères, en effet, mes égaux. La seule différence entre nous est que je *sais* qui je suis et vous ne savez pas qui vous êtes. Vous avez vécu les dernières sept millions et demi d'années dans l'ignorance, esclaves de vos dogmes et de vos peurs.

Mais enfin regardez-vous ! *(Secoue la tête et soupire.)* Vous n'êtes même pas capables de vous guérir d'un petit mal de tête ! *(Tente de prendre une rose dans l'arrangement floral et y parvient après quelques essais.)* Je suis têtu ! *(L'auditoire rit et applaudit.)*

Vous êtes familiers avec le terme « maître » mais vous ne savez pas ce que cela veut dire au juste. Vous vous imaginez une entité poussiéreuse couverte d'un sac en toile qui vit dans une grotte et ne regarde personne dans les yeux de peur de capter leurs vibrations. Voilà encore un dogme, une autre inoffensive comédie que vous vous jouez depuis bien longtemps.

Savez-vous ce que certains d'entre vous feront de cet enseignement ? Ils vont s'empresser d'aller demander à d'autres maîtres de les guider jusqu'à leur âme sœur. Et ces maîtres vous feront croire qu'ils possèdent la réponse, mais ne vous laissez pas berner : vous ne trouverez jamais votre âme sœur de cette façon. Et vous n'apprendrez jamais à vous guérir ou à percevoir la lumière au-delà de cette dimension parce que vous n'êtes pas souverains.

Ces sessions n'ont pas pour but de me gagner des disciples. Si je désirais être adulé, je ne vous enseignerais pas ces vérités sublimes, je ne ferais pas de manifestations pour vous, je ne vous dirais pas qui vous êtes et je n'exalterais pas ce que vous êtes. Je vous garderais dans l'ignorance la plus complète et je m'emparerais de votre pouvoir. Et mon auditoire serait aussi vaste que le monde. Le saviez-vous? J'en ai certes le pouvoir! Mais je n'ai pas besoin d'adulation. Je *suis* déjà Dieu! Je *suis* déjà l'éternité. Que pourriez-*vous* m'apporter? Encore un peu plus d'éternité? Je ne crois pas.

Ce que je fais, je le fais simplement parce que je vous aime. Quand une entité atteint l'absolu de ce qu'elle est, elle embrasse le Tout-en-Tout du regard et elle devient chaque élément de la Totalité.

Je veux que vous deveniez des lumières pour le monde. Votre plan en a besoin. Vous êtes à la veille de temps épiques et vous serez peu nombreux à témoigner des lendemains magnifiques de votre plan. Je veux que vous appreniez la plus grande des connaissances, mais vous ne pourrez le faire que lorsque vous serez prêts, lorsque vous serez assez éveillés pour entendre le message, assez éveillés pour reconnaître les « messagers » et pour voir les miracles quand ils se produiront. Soyez souverains. Souverains! En suivant les autres, vous n'apprenez qu'à suivre et vous perdez votre pouvoir; vous gaspillez de l'énergie de toutes parts. Le saviez-vous?

Vous vouliez trouver le plus grand professeur? Je le suis, dans ma réalité. Je le dis sans ambages. Mais votre meilleur professeur est le dieu intérieur qui fait de vous ce que vous êtes. Vous comprenez? Je suis un magnifique reflet de vertu et de vérité, de génie et de connaissance. Et si vous reconnaissez ces choses en moi, c'est que vous les possédez déjà en vous-mêmes. Voyez-vous comment cela fonctionne? Un maître voit, reprend possession et devient. Il *devient*! Que devient-il? *Libre*. Pour cela, il n'a pas à être une chose en particulier; il lui suffit d'*être*. Alors, il est en possession de *tout* son pouvoir. Alors, il *permet*.

Il faut *vouloir* devenir un maître, il faut vouloir prendre le contrôle de sa vie. Rappelez-vous de quelle façon dans votre rêve vous avez voulu toutes ces choses : renommée, fortune, beauté, amour, vêtements, maisons, or, argent, parfums. Vous souvenez-vous? Eh bien, c'est le même *vouloir*. Si vous mettez la même énergie à vouloir devenir un maître que vous en mettiez à désirer ces petites choses sans importance de votre rêve, vous deviendrez la sage, l'omnisciente intelligence.

Dans ma vie, je l'ai *voulu*. Je ne savais pas ce que c'était, mais je le voulais. Et peut-être les plus grandes manifestations naissent-elles des désirs innommés.

Certains d'entre vous sont terriblement malheureux ; je le vois. Eh bien, je n'éprouve aucune pitié pour vous parce que je sais, à une échelle de compréhension supérieure, que vous l'avez orchestré, vous l'avez voulu. Vous voulez vous sentir comme vous vous sentez. Les choses changeront seulement lorsque vous le *voudrez*. Rien — aucune personne, aucun pouvoir, pas même moi, aucun « messager », aucun miracle, aucune connaissance — ne peut changer vos esprits entêtés. Car, voyez-vous, la clé qui ouvre la porte de la connaissance est entre *vos* mains. Vous êtes un dieu et quel que soit votre désir pour votre royaume, vous l'avez ! Nul ne peut mettre en doute ou outrepasser cette seule et unique loi. Comprenez-vous ?

L'auditoire : Oui.

Ramtha : Certains d'entre vous ne comprendront pas cet enseignement parce qu'ils aiment juger les autres. Vous êtes esclaves de votre bigoterie, de vos superstitions et de la polarité du bien et du mal — parce que vous *voulez* l'être ! Et vous jouez les victimes dans l'espoir d'attirer la pitié de votre entourage. À votre aise. Si telle est votre volonté, alors rêvez ! Mais vous rêverez jusque dans la tombe.

Vous qui vous éveillez, commencez à entendre et à ressentir cet enseignement dans votre âme. En même temps, l'âme de vos âmes sœurs — où qu'elles soient — frissonnent en entendant l'écho de cet enseignement. Quelque chose en elles « veut » mais elles ne savent pas quoi au juste. Sans trop savoir pourquoi, elles se sentent exaltées ! Elles s'éveillent à leur tour. Bientôt, elles réaliseront, sans raison apparente, qu'elles sont responsables de leur vie et cette vérité les libérera. Elles seront libres ! Libres de voler comme des oiseaux ? Pas nécessairement. Mais elles seront libérées des dogmes qui gênent l'esprit en « expansion ». Elles s'éveillent grâce à vous. Elles ré-agissent de leur côté.

Et vous, en retour, recevez l'intensité de *leurs* réactions. Vous faites, en quelque sorte, d'une pierre deux coups ! Vous saisissez ? Vous deux partagez *tout*. Même si vous ne vous êtes pas vus depuis votre séparation, vous avez toujours tout partagé.

Par exemple, vous vous passionnez depuis toujours pour l'Égypte ancienne ; et vous avez le sentiment d'y avoir vécu. Bien sûr, vous êtes allé consulter un voyant qui vous a tout révélé sur votre vie là-bas. (Une vie de reine ou de pharaon certainement. On dirait que personne n'a jamais été un simple paysan travaillant les champs ; évidemment, ce n'est pas une chose à dire à un client.) Mais la vérité est que vous n'avez jamais vécu là-bas. Votre âme sœur y a vécu. Comprenez-vous ?

Pourquoi, par exemple, n'êtes-vous pas attiré par la Mésopotamie ? Parce que vous y avez déjà vécu plusieurs vies magnifiques. Vous y avez accumulé toute l'expérience que vous vouliez et maintenant ce pays ne vous intéresse plus vraiment. C'est du passé, c'est vieux. Mais votre âme sœur possède en elle une connaissance de la Mésopotamie. Elle ne sait pas pourquoi puisqu'elle n'y a jamais mis les pieds. C'est qu'elle a récolté les fruits de vos nombreuses vies ! Vous voyez comment cela fonctionne ?

Quand le maître s'éveille en vous, un frisson parcourt le christ en votre âme sœur.

Je m'évertue à vous enseigner une connaissance qui ne peut vous venir que par votre *vouloir*. Vous aurez beau vous exercer à être sans jugements, à être miséricordieux et généreux, vous n'atteindrez jamais un état d'être impeccable à moins de vous réveiller et de le *vouloir* !

(Pose les mains sur les hanches.) Vous savez, on dirait une garderie, ici ! Je vous parle comme à des enfants. Je vous envoie sans arrêt des pense-bêtes en espérant que vous allez vous sortir une fois pour toutes de ce pétrin. Il suffit de le vouloir. Vous n'avez qu'à décider du moment, et ce moment est en vous. Pas besoin de méditer, de psalmodier jusqu'à en avoir la gorge enrouée. Soyez, et ces vertus seront. Elles *seront*, tout simplement. Et plus proche vous serez de la nature, plus votre « être » se déploiera. Alors votre génie coulera à flot.

Avez-vous contemplé une fleur récemment? Avez-vous humé son parfum enivrant? Vous êtes-vous émerveillé de ses couleurs et de la vie qui l'habite? Si vous ne l'avez pas fait, alors vous ne vous êtes pas émerveillé devant le reflet de votre propre génie et de votre propre divinité.

Pour *devenir*, pas besoin de rituels. Il suffit que vous le *vouliez* et que vous aimiez Dieu — que vous l'*aimiez* de tout votre être, de toutes vos forces et avec tout votre souffle. Car votre souffle est le souffle même de Dieu, de la Force de Vie. Et n'allez pas prétendre aimer Dieu si vous êtes occupé à juger vos voisins, car vos voisins aussi *sont* Dieu. Ils sont Dieu! Comprenez-vous?

L'auditoire : Oui.

Ramtha (levant son verre) : Et maintenant buvons à l'éveil du maître. À la Vie! Pour toujours et à jamais! Qu'il en soit ainsi!

L'auditoire : Qu'il en soit ainsi!

Ramtha : Connaissez-vous la joie? Vous voulez tous rencontrer votre âme sœur, vous pensez qu'elle vous apportera de la joie. Mais cela est une autre limitation. Vous êtes encore à la recherche de quelqu'un, autre que vous, pour vous rendre heureux; *n'est-ce pas?* Votre âme sœur ne vous comblera *pas* de joie! Eh bien, vous en faites de ces têtes! La passion première calmée, vous serez toujours le même ou la même, sauf que ce que vous êtes, se trouvera, en quelque sorte, amplifié.

La joie se réalise en *soi*. Elle est le résultat de la souveraineté et elle agit comme un aimant puissant qui ramène votre pouvoir à sa source. Saviez-vous cela? La joie est le grand trésor de l'émotion. Malheureusement, vous êtes peu nombreux à avoir connu ce paradis. Vous avez connu les éclats de rire provoqués par les blagues osées et le reste, mais vous n'avez jamais vécu dans un état d'être où la joie et le bonheur sont toujours présents. Il y a toujours quelque chose pour vous abattre — et vous créez ce quelque chose vous-même. Si vos enfants, votre mari ou votre femme vous rendent malheureux, c'est que vous l'*avez permis*. Vous avez mis votre bonheur en eux plutôt qu'en *vous-même*. S'ils vous rendent la vie difficile, c'est parce que vous leur avez cédé votre pouvoir. Vous cédez votre pouvoir lorsque vous laissez une chose extérieure déterminer votre *ré*-action. Saviez-vous cela?

Vous dépendez des autres pour votre bonheur. Vous êtes faible à ce point! Vous dépendez même de votre sexualité pour vous rendre heureux; vous êtes injuste envers vous-même.

Un maître *est* toujours. Un maître aime, de façon inconditionnelle, mais il ne s'oublie pas lui-même. Plus il se concentre sur lui-même, plus il est à même d'apporter la paix au monde entier.

Vous devenez Dieu et christ pour *vous-même* — en dépit du monde et *pour* le monde. Autrement dit, vous et votre dieu passez en *premier*. Le reste du monde devra tout simplement attendre que vous ayez mûri dans votre devenir.

Regardez-vous! Regardez le nombre de personnes dont votre bonheur dépend! Que diriez-vous d'un gros plan sur eux? Je vous les envoie, tous! Ils vont surgir de toutes parts (et ils seront tous là, agglutinés sur vous comme des mouches) pour vous demander conseil. Au départ, cela vous flattera, mais ils iront ensuite faire exactement l'*opposé* de *tout* ce que vous leur aurez dit. Alors vous deviendrez furieux, déprimé et malheureux. Il est temps que vous cessiez de vous leurrer. Je veux que vous réalisiez que vous comptez sur les autres pour vous rendre heureux plutôt que sur vous-même.

Posez-vous la question suivante : « Lequel d'entre eux consentirait à mourir à ma place quand mon heure viendra? » Je veux que vous y *pensiez*. Toutes ces personnes « importantes » pour qui vous vivez et dont votre bonheur dépend, croyez-vous vraiment qu'elles vont s'offrir pour mourir à votre place afin de vous éviter cette peine? Voulez-vous un « messager » pour en avoir le cœur net? Voulez-vous que je vous amène à l'article de la mort pour voir leurs réactions quand vous leur demanderez : « Et si on changeait de place? » Vous voulez qu'on pousse la leçon jusque-là?

L'auditoire : Non.

Ramtha : Pourquoi pas? *(L'auditoire rit.)* Vous avez la trouille, et c'est une autre limitation.

Maîtres, ils n'accepteront pas votre offre. Ils n'accepteront pas. Alors pourquoi en faites-vous la clé de votre bonheur? Pourquoi les tenez-vous responsables de votre vie? Ils ne le méritent pas. Et vous, vous êtes de vrais tyrans ! Le saviez-vous ? C'est une grande vérité que personne ne vous a jamais enseignée parce que c'est une façon trop dangereuse de voir la vie. Vous n'êtes pas prêts pour cette vérité. Comme vous n'êtes pas prêts pour la souveraineté et, par conséquent, pour votre âme sœur. Vous le serez le jour où vous serez heureux *tout seul.* N'est-ce pas ? *Vous m'entendez ?*

> *L'auditoire :* Oui !
> *Ramtha :* Est-ce que vous me *ressentez ?*
> *L'auditoire :* Oui !
> *Ramtha :* Je vous mettrai à l'épreuve ! Qu'il en soit ainsi !

Peut-être commencez-vous à ressentir le flot de simplicité, le « mouvement intérieur » qui permettra à votre cerveau de se développer et à la lumière de se déployer autour de vous.

Pour reconquérir votre pouvoir, ne demandez conseil qu'à vous-même. Et rappelez-vous : seul le dieu en vous possède la réponse, car la réponse *est* la question. Par le seigneur-dieu de votre être, demandez au Père qui est en vous de vous apporter la connaissance et il la rendra manifeste — d'une façon tout à fait personnalisée ! Par le seigneur-dieu de votre être, demandez au Père qui est en vous de vous éclairer, puis soyez, tout simplement, et prenez votre temps. Et lorsque vous vous y attendrez le moins, vous serez illuminé. Illuminé ! Vous connaîtrez la réponse au-delà des mots : elle existera maintenant en sagesse dans votre âme ; ce sera une autre perle à emporter dans votre demeure. Et ce début de connaissance vous remplira d'un certain orgueil.

Cette connaissance est la *vôtre* ; elle n'est pas celle de votre voisin. Il est dangereux de communiquer votre connaissance à quelqu'un. Savez-vous pourquoi ? Parce que si ce quelqu'un n'est pas en train de « devenir », il n'écoutera que ce qu'il veut entendre. Et si ça ne marche pas, devinez contre qui il se retournera ?

En m'adressant à vous individuellement, je m'adresse en fait à *vous deux.* (Quelle façon sublime et illimitée d'élargir mon auditoire.) Ce que je vous enseigne se réalisera à la gloire du Père qui est en *vous* et en l'autre « vous », afin que la vérité vous libère.

Il est un autre précepte que vous devez connaître : la non-vérité n'existe pas. Dans le Tout-en-Tout, le *non-tout* n'a pas de place. Tout est vrai parce qu'une chose pensée est une chose ressentie. Et une chose ressentie par quelqu'un est une réalité de son royaume. Quelqu'un peut changer sa vérité n'importe quand, car en changeant d'idée il modifie ce qu'il ressent. Et s'il ressent autre chose, c'est qu'il a adopté une nouvelle vérité, une nouvelle réalité auxquelles il réagira en conséquence. Vous ne le saviez pas, n'est-ce pas ?

Tout le monde a raison parce que tout le monde est un dieu libre de créer sa propre vérité, donc sa propre réalité. La personne qui ne croit pas en Dieu a raison. La personne qui vous *hait* a raison. Cet enseignement représente un tour de force mais un maître le comprend.

Pour certains, la réalité est qu'ils détiennent *l'unique* vérité : cela s'appelle un dogme. Saviez-vous qu'ils ont raison ? Leur dogme est une réalité pour eux, et il ne devient *votre* réalité que si vous *l'acceptez*.

Si vous désirez devenir « Celui qui est », vous devez permettre les vérités des autres. Sinon, vous participez à leur polarité ; vous devenez un guerrier. Si vous les jugez et les persécutez à cause de *leur* vérité, vous ne connaîtrez jamais la vôtre puisque vous serez aveuglé et asservi par le jugement que vous posez sur eux. C'est aussi perdre votre pouvoir que de condamner les autres pour leurs croyances. Est-ce que vous comprenez ?

L'auditoire : Oui.

Ramtha : Que signifie « être une lumière » ? Cela veut dire *vivre* votre vérité, *votre* réalité. On ne *verbalise* pas la vérité, on la vit. Permettre aux autres d'exister et les aimer en toute liberté sont les vertus qui accompagnent le fait de vivre votre vérité. Quand vous aimez les autres au point de les laisser libres d'exprimer et de détenir leurs propres vérités, vous êtes une lumière pour ceux qui *veulent* connaître la vôtre. Vous comprenez comment cela fonctionne ? *(Lève son verre et parle d'un ton grave.)* À la liberté.

L'auditoire : À la liberté.

Ramtha : Vos prochains « messagers » seront trois entités qui possèdent des croyances différentes et qui se persécutent parce que chacune pense détenir « la » vérité. Elles seront très convaincantes. Je veux observer et ressentir votre réaction et voir comment vous les influencerez. Marché conclu ?

L'auditoire : Marché conclu.

Ramtha : Qu'il en soit ainsi.

(Scrutant l'assemblée.) C'est merveilleux. Quelques-uns d'entre vous commencent à piger. Et vos âmes sœurs aussi, par le fait même.

Avant de vous laisser aller à vos latrines, j'aimerais aborder brièvement le sujet des « vérités spirituelles ». Plusieurs d'entre vous ici se disent des entités « spirituelles », n'est-ce pas ? Saviez-vous que c'est une limitation ? Si vous vous qualifiez de « spirituel », vous venez de céder votre pouvoir à une autre illusion. *Tout* est spirituel ; il n'est *pas une chose* qui ne le soit pas.

Les entités spirituelles ont leurs propres dogmes.

Si vous croyez au karma, vous abandonnez votre pouvoir et vous fixez votre destin dans la pierre.

Si vous croyez au péché, vous êtes certainement maudits ; si vous croyez que la réincarnation, la roue-de-la-vie, est l'utopique vie continuelle, vous avez un esprit limité : il y a tellement plus au-delà de la roue, plus que vous ne pourrez jamais imaginer !

Si vous croyez aux « âmes-jumelles », vous croyez en une vérité limitée. Seules existent les âmes sœurs.

Si vous croyez faire partie d'une « famille spirituelle », vous vous engagez à tenir compagnie aux mêmes vieilles âmes, et vous vous privez d'explorer le drame humain dans toute sa plénitude.

En pensant appartenir à un « groupe spirituel », vous créez une *hiérarchie.* Vous devenez sélectifs, hiérarchisés, altérés, parce que les groupes ne sont constitués que d'egos altérés.

L'« ego » représente votre identité, qui est Dieu. Un « ego altéré » est une identité *altérée*, un Dieu *altéré*, une expression limitée, un Dieu limité, un tiers de votre pouvoir cérébral. Et à quoi reconnaissez-vous l'ampleur de l'altération de votre ego ? C'est simple : il suffit de voir à quel point vous êtes noyés dans la conscience sociale, dans ses préjugés et ses jugements... (Et puis il y a toujours ce petit mal de tête que vous n'êtes pas capable de guérir.)

Certains croient qu'il existe des esprits capables de « possession », et ils en ont fait leur religion. Il n'existe rien de tel. La seule chose qui puisse vous posséder est votre propre ego altéré. Vous pouvez lui donner un nom, vous pouvez l'appeler Satan, mais en réalité, c'est vous. Il n'existe aucune puissance néfaste dans le domaine de l'invisible. Le mal ne réside que dans l'esprit de l'homme. Rien dans l'invisible ne peut vous posséder ou vous vaincre. Vous seul pouvez faire cela.

Certains ont une « multitude » de guides — *toujours* des aristocrates, d'ailleurs! Et plus vous avez de guides, plus vous vous croyez unique. Voilà un autre dogme, un dogme spirituel.

Savez-vous *qui* sont vos guides? Vous! « Ah! ah! ah! » *(L'auditoire rit.)* Vous n'êtes pas obligés d'être d'accord. Vous pouvez vous accrocher à ces entités si vous voulez. Mais un dieu souverain n'a pas besoin d'un guide, encore moins de quarante-deux!

Votre esprit est le dieu de votre être. C'est la lumière qui entoure votre corps. Elle est à l'origine de la création et on l'appelle la « couronne bleue ». Vos scientifiques ont réussi à photographier cette merveilleuse entité mais seulement dans sa fréquence la plus basse, c'est-à-dire au niveau de l'énergie positive/négative — au niveau de l'électricité. Il s'agit donc d'un fait scientifique : vous êtes autour de votre corps. Mais le dieu de votre être s'étend bien au-delà. La technologie que vous possédez n'est pas suffisamment avancée pour capter la grande lumière, la haute fréquence de la couronne bleue qui s'étend sur un large champ. La lumière d'un maître peut atteindre près de cinq kilomètres de diamètre. Une entité à l'esprit fermé, dont les pensées sont fortement orientées vers la densité matérielle, a une lumière qui demeure très près de son corps. Elle n'est pas illuminée.

Le dieu de votre être est la lumière qui assure votre cohésion. Si vous ne baigniez pas dans cette magnifique lumière, vous vous envoleriez dans la connaissance, cellule après cellule.

Qu'est-ce qui vous tient en un morceau? Quel genre de colle? C'est *l'amour*. C'est la Pensée, Dieu, sous forme de lumière.

Souvent des entités voient leur propre esprit et croient que c'est une autre entité. Elles lui donnent même un nom mais ce n'est que la lumière de leur propre corps qui souvent se concentre et permet à l'œil d'en percevoir des reflets.

C'est en cette lumière que vous puisez toutes vos réponses puisqu'elle est reliée à l'Esprit de Dieu. Alors plutôt que de la surnommer Grand Chef Plume-Rouge, Dr. Ming Hing Poo de la troisième dynastie ou Georges, appelez un chat un chat, dites : « Je suis! » *Elle sait vraiment tout.*

Plusieurs d'entre vous ont déjà entendu une voix dans leur tête et en ont tout de suite déduit qu'ils étaient médiums ou mystiques. Vous ne l'êtes pas. Pourquoi ne pas accepter le fait que cette voix est celle de votre *propre* connaissance? Quand vous interrogez votre « moi », le dieu de votre être, il sait tout, il a les réponses. Demandez à un autre et vous en serez quitte pour des jeux stériles, des devinettes, de la spéculation.

Savez-vous ce qu'est une amulette? C'est un emblème que vous portez autour du cou et qui est censé avoir le pouvoir de vous protéger, de vous guérir, de vous exalter et de vous garder sur le droit chemin. Les cristaux sont des amulettes et ce sont des limitations. Rien en dehors de vous n'a le pouvoir de vous rendre meilleur. Si vous voulez vous couvrir de cristaux, soit; mais sachez que si vous êtes pourris en dedans, un cristal ne changera rien! Un cristal ne guérit pas. *Vous* seul pouvez le faire.

Les étoiles et les planètes ne gouvernent pas votre vie. Rien en dehors de vous ne le fait, à moins que vous ne le permettiez. C'est une hypocrisie de dire que vous êtes Dieu et d'affirmer ensuite que l'univers a prédéterminé votre destin! Savez-vous pourquoi l'astrologie fonctionne? Parce que la foi des entités la fait marcher. Leurs pensées sont puissantes à ce point! Et elles en attribuent tout le crédit aux étoiles. Est-ce que vous comprenez?

L'auditoire : Oui.

Ramtha : Rien en dehors de vous ne peut vous gouverner à moins que vous ne le vouliez. Des entités vous révèlent ce que *vous* savez déjà, et vous les encensez ! Vous cédez votre pouvoir à ces entités ! Vous le cédez aux étoiles, aux amulettes, aux cristaux ! Vous ne pouvez pas équilibrer vos chakras avec des cristaux ! Réveillez-vous. *(Criant.) Secouez-vous !* Pas étonnant que les gourous s'en donnent à cœur joie dans votre pays ! *(Secoue la tête en feignant le dégoût.)* Pas étonnant ! Vous n'avez même pas *besoin* d'équilibrer vos chakras. Vous ne le saviez pas, n'est-ce pas ?

Vos chakras sont les sept sceaux divins qui furent créés au tout début du drame humain, à la séparation des âmes sœurs. Ils facilitent la circulation des hormones en harmonie avec la charge électrique positive ou négative du corps. Vos sceaux sont directement liés à ceux de votre âme sœur. Saviez-vous cela ? Ils sont absolument identiques. La seule différence est l'énergie avec laquelle chacun opère. Il existe entre eux un échange constant de vérités. Alors à quoi servirait-il de les équilibrer ? Ils sont déjà *tous* opérationnels. S'ils ne l'étaient pas, vous ne seriez pas là.

Vous pensez qu'en plantant des petites aiguilles dans votre corps, vous recevrez une quelconque révélation. Vous pouvez toujours attendre ! C'est un autre dogme. Il n'y a pas de mal à pratiquer cette thérapeutique mais vous avez, une fois de plus, mis votre propre connaissance de côté. N'est-ce pas ?

Maintenant vous voyez pourquoi je ne suis pas aimé de tous. Je vous enlève toutes vos béquilles !

(Ramtha soupire en levant son verre.) À la comédie humaine ! *(En voyant tous les visages lugubres, il éclate de rire.)*

Ce sont tous des dogmes spirituels. Et vous pouvez croire en eux si c'est votre vérité. C'est très bien. Mais tant que vous croirez en un pouvoir extérieur à vous, vous ne deviendrez jamais un christ. Jamais !

Les dogmes sont des entraves à la révélation intérieure. Ils existent parce que vous vous relevez de votre pouvoir et l'investissez ailleurs. Et cet ailleurs devient dogmes et religions.

Vous ne pourrez jamais faire votre ascension avec toutes ces dettes spirituelles. Vous ne ferez que mourir. L'ascension est le résultat naturel d'une vie passée dans la joie et la *souveraineté.*

Plus vous retrouverez votre pouvoir, plus vous serez heureux et plus votre cerveau s'ouvrira. Et plus votre cerveau, votre récepteur s'ouvrira, plus votre corps deviendra fort. Lorsque votre cerveau sera comme une fleur de lotus pleinement épanouie, alors vous ferez votre ascension, car vous aurez le *pouvoir* d'élever la fréquence vibratoire de votre masse cellulaire et de vous transporter dans un autre temps, un autre espace, une autre dimension. Vous posséderez *tout* ce qui est. Comprenez-vous ce que je viens de vous enseigner au cours de cette matinée de votre temps?

L'auditoire : Oui.

Ramtha : Maintenant, réjouissez-vous. Réjouissez-vous! Mes maîtres bien-aimés, si vous considérez ce que je viens de vous enseigner, si vous écoutez vos émotions et vous vous permettez d'*être*, bientôt la haine et l'amertume et la colère qui vous habitent ne seront plus. Et à leur place naîtra la joie, la joie qui soigne l'esprit. Et les trous par lesquels vous fuyez? Ils auront été bouchés. Vous serez enfin maîtres de *toutes* vos émotions. Vous réaliserez que depuis toujours vous aviez la capacité de vivre par vous-même toutes les émotions. Vous n'aviez pas à attendre qu'un autre vous les fasse vivre. Et c'est à ce moment que vous attirerez à vous votre âme sœur, cette énigme mystique. Vous vous *mériterez* l'un l'autre, car vous serez tous deux en possession de la seule loi qui gouverne la vie : Je Suis! Quand vous posséderez cette souveraineté, cette joie, rien, pas même la mort, ne pourra vous en séparer.

Allons, soyez joyeux! Débarrassez-vous des choses qui ne vous apportent pas de joie. Vous *savez* de quoi je parle. De quoi êtes-vous l'esclave? Quelles sont les choses qui vous limitent? Les choses autour de vous qui avilissent votre âme? Laissez-les disparaître de votre vie, quoi qu'il vous en coûte.

Regardez vos murs. Qu'y accrochez-vous? Que lisez-vous? De quoi vous nourrissez-vous? *Débarrassez-vous de tout ce qui ne vous apporte pas de la joie!* Débarrassez-vous de ces sangsues! Si votre union ne vous rend pas heureux, dites-le! Soyez honorable et pour la première fois de votre vie, *vivez votre vérité.* Si vous voulez changer de décor, qu'est-ce qui vous en empêche ? Allez-y !

Ne faites rien qui ne vous rende pas heureux. Sinon, vous ne vous aimez pas. Soyez équitable envers vous-même. Faites ce qui vous rend heureux, envers et contre tous. Faites-le par amour pour le Dieu qui est en vous. Allez-y !

Parlons d'un autre dogme spirituel. Avez-vous entendu parler de « *la Voie* » ? Selon la religion, elle est tellement étroite (parce que créée par des entités étroites d'esprit) que peu de gens peuvent s'y engager, pas même ceux qui l'ont tracée !

La Voie de l'illumination n'est pas une voie unique. La voie est là où vous vous trouvez, sous vos pieds.

Saviez-vous que votre voie peut serpenter, gravir des collines, passer par des vallées, des gorges, des cavernes, des rivières et des ruisseaux murmurants ? Saviez-vous qu'elle peut plonger au fond de la mer, la survoler, ou peut-être faire un tour de l'autre côté de la lune ? Comment saurez-vous si vous êtes sur la bonne voie ? Quand votre visage s'illuminera d'un sourire ; quand ce que vous faites vous rendra *heureux*. La bonne voie se trouve partout où vous êtes heureux. Maintenant, si vous êtes perplexe parce que votre voie aboutit à une fourche où il vous faut choisir entre deux options qui ne vous plaisent pas, ne prenez pas de décision. Surtout pas ! Attendez là où vous êtes, le sourire aux lèvres, et laissez la confusion se dissiper. Cela ne prendra pas un siècle, seulement quelque temps.

Ne décidez de rien tant que la confusion persiste. Lorsque vous la laisserez se dissiper, la voie vous apparaîtra claire, parce que vous la percevrez ainsi. Ce choix ne sera peut-être pas au goût des autres, mais il sera au vôtre. Est-ce que vous comprenez ?

L'auditoire : Oui.

Ramtha : Le bonheur est l'unique voie vers l'illumination. Plus vous vous faites plaisir et plus vous vivez dans la joie, plus vous vous approchez de Dieu, car Dieu est joie.

Plusieurs d'entre vous s'ennuient. Savez-vous ce qu'est l'ennui ? C'est votre âme vous disant que vous avez tout appris d'une expérience en particulier. L'expérience ne vous intrigue plus, ne vous exalte plus, ne vous défie plus, parce que vous en avez appris tout ce que vous vouliez apprendre. Si quelque chose vous ennuie, c'est le temps de changer, de bouger, d'avancer. Cela s'applique au travail, à la créativité, aux relations, aux époux, aux amants, à tout! Un maître sait quand il a tout gagné d'une expérience, et il va de l'avant. Et il va uniquement vers ce qui lui apporte bonheur et joie. Vous pouvez, bien sûr, demeurer dans le même logis pour le reste de vos jours, si vous y êtes parfaitement heureux. Mais permettez à votre âme de vous parler et de vous indiquer où réside votre bonheur. Comprenez-vous?

L'auditoire : Oui.

Ramtha : Maintenant, quelle est la voix de Dieu? À quoi ressemble cette intelligence que vous imaginiez descendant du ciel comme la foudre pour vous dire quoi faire? Ce sont vos émotions. Entendre la voix de Dieu, c'est écouter ses émotions, la connaissance inexprimable. Vous savez maintenant pourquoi je ne peux pas vous enseigner cette connaissance : parce que *vous devez la ressentir*! Je peux vous parler de cette émotion, mais vous ne comprendrez jamais qu'après en avoir fait l'expérience.

(Levant son verre.) À l'ennui! Au changement! Au futur!

L'auditoire : Qu'il en soit ainsi!

Ramtha : Savez-vous pourquoi vous êtes si malheureux? Parce que vous avez peur du changement, vous avez peur de tout ce qui n'est pas familier. C'est pour cela que vous vous ennuyez; c'est pour cela que vous êtes des créatures misérables, pitoyables et suicidaires! Suis-je assez dur?

Considérez ceci : vous sentez-vous coincés dans une vieille liaison? dans un logis banal? dans un travail monotone? Si oui, pourquoi avez-vous peur de changer? Saviez-vous que dans les futurs « maintenant », vous ne trouverez rien qui justifie cette peur? Rien.

J'ai tenu une session récemment sur les « jours à venir » où j'ai conseillé aux entités présentes de se préparer — de faire ce que la nature enseigne depuis toujours. Je leur ai conseillé de faire des réserves de nourriture comme le fait la fourmi. Si vous n'avez jamais observé les fourmis, je vous amènerai voir une fourmilière. Elles vous enseigneront une grande leçon. Bien qu'elles aient suffisamment à manger, elles mettent *toujours* de la nourriture de côté parce qu'elles savent que les saisons changent et que l'hiver s'en vient.

J'ai donc dit : « Allez mettre en réserve suffisamment de vivres pour deux ans. Deux ans. » Je leur ai dit que la conscience sociale dépérissait gravement et que les signes avant-coureurs de la Supraconscience étaient parmi nous — et ils ont pris mes mots hors du contexte et sont devenus complètement fanatiques ! Ils en ont aussitôt fait un dogme au lieu de les prendre comme une chose tout à fait naturelle. Ils se sont mis à critiquer ceux qui ne faisaient pas comme eux. Ils désiraient la fin de cette conscience sociale, mais ils ont choisi de n'écouter qu'une partie de l'enseignement, de ne voir qu'une façon d'y arriver. Il y en a pourtant *plusieurs*.

Il serait bon que vous fassiez preuve de la même intelligence que les créatures auxquelles vous avez donné vie. Avez-vous oublié ce que c'est d'être préparé ? Je ne parle pas de se préparer à la fin du monde mais à un hiver qui sera sans doute long et rigoureux. Et quand l'hiver arrivera, vous saurez que le printemps n'est pas loin, n'est-ce pas ?

Vous pensez que je vous dissimule certaines choses intentionnellement ? Vous avez raison. Savez-vous pourquoi ? Parce que vous n'êtes pas prêts. Le futur est toujours, pour vous, une cause de doutes et de peurs. Lorsque vous passerez de l'ennui à la joie, alors vous serez *prêts* à connaître tout ce qui est à venir.

La Nature, qui est Dieu, le rythme de la vie, est en train de s'épurer. Elle est en train d'éliminer les éléments stériles qui n'ajoutent rien à la valeur de la vie. Elle est en train d'éliminer les choses qui vont à l'encontre du processus naturel d'évolution.

Je vous ai parlé, il y a longtemps déjà, de terribles maladies à venir. À l'époque, personne ne comprenait de quoi je parlais. Eh bien, ces maladies sont désormais parmi vous. Et c'est encore une fois la Nature qui élimine tous ceux qui ne contribuent pas au processus d'évolution.

Savez-vous ce qu'est un tremblement de terre ? C'est votre terre qui bouge. Savez-vous ce qu'est une fermeture éclair ?

Hmm? L'écorce de votre planète en est striée. Ces fermetures éclair, ou failles comme vous dites, lui permettent de respirer, de bouger. Eh bien, vous avouerez que vous n'êtes pas très malins de construire vos maisons au-dessus de ces failles! Et lorsque la terre tremble, vous vous lamentez en disant que la nature vengeresse a détruit tout ce que vous possédiez. C'est votre stupidité! C'est aussi stupide que d'aller vous installer sur le sommet d'un volcan, histoire de profiter de la vue. Eh bien, la vue en effet sera magnifique quand vous exploserez!

La Terre, tout comme vous, doit se mouvoir. Les séismes et les éruptions volcaniques auront toujours lieu parce que ce sont des phénomènes naturels.

Vos volcans sont des soupapes. Votre Terre est creuse en son centre, et la pression qui se forme entre les couches internes et externes de l'écorce terrestre doit pouvoir s'échapper. Quand les volcans font éruption, ils laissent la pression s'échapper par les fermetures éclair, les failles.

Il y a aussi plusieurs volcans éteints. Depuis des millénaires, les entités qui habitent l'intérieur de la Terre se servent de ceux-là comme de « voies d'accès ». Mais gare aux nombreux volcans qui sont pareils à des dragons assoupis.

Vos régions côtières sont striées de fermetures éclair. Sachez que c'est du suicide d'y bâtir vos riches maisons. Vous aurez beau blâmer Dieu ou la nature, la Nature ne vous aura pas détruit. C'est *vous*, dans votre esprit limité, qui vous serez détruits.

Il y a tant de régions inhabitées, tant d'espace pour tout le monde, pourquoi donc s'installer le long de ces fermetures éclair? Si vous le désirez, vous pouvez créer votre propre paradis, votre propre mer, votre propre océan, dans ces régions inhabitées.

Vous savez, j'illumine certaines entités qui se mettent pourtant à courir dans tous les sens comme des poules affolées. C'est pour cela que je vous parle du futur avec une grande intégrité.

Soyez simplement prêts pour l'hiver qui vient. Et sachez que le printemps suivra. Compris?

L'auditoire : Oui.

Ramtha : Vous avez peur du changement. Alors ce que je vais faire, c'est rendre manifestes tous les ennuis de votre vie jusqu'à ce que vous plongiez dans une dépression profonde. Parfois il faut exagérer pour vous secouer.

(L'auditoire ronchonne.)

Maîtres, quelque part en vous, vous désirez cette expérience.

La manifestation suivante sera une porte brillante! Brillante! Vous aurez le choix. Rester dans votre dépression ou franchir la porte. Vous ne saurez pas ce qui se trouve au-delà de la porte. Cela s'appelle le futur. Je vous ferai voir cette porte, mais ce sera à vous de choisir. Marché conclu?

L'auditoire : Marché conclu.

Ramtha : Qu'il en soit ainsi!

Je rendrai manifestes toutes vos peurs. Je le ferai parce qu'elles sont obscures. L'« obscurité » n'est pas le mal, c'est l'absence de lumière. Savez-vous pourquoi vos peurs sont obscures? Parce qu'elles sont inconnues, et votre instinct de survie vous commande de craindre l'inconnu. Je déposerai toutes vos peurs sur le pas de votre porte afin que vous les reconnaissiez et que vous les possédiez. Les *possédiez.* C'est une étape vers la maîtrise. Maîtres, une fois que vous l'aurez fait, plus rien ne pourra vous faire peur. *Plus rien.*

Votre âme sœur devra par la même occasion faire face à toutes *ses* peurs. Et ce qu'elle récoltera, vous le récolterez aussi.

Vous commencez donc à acquérir une sagesse, une connaissance et une intrépidité sans précédent. Et votre âme sœur, sans vraiment savoir pourquoi, se sent merveilleusement bien. Elle réagit instinctivement à vos actions. Elle se mettra tout naturellement à faire ses propres provisions pour l'hiver et cela vous encouragera à continuer votre chemin. Vous progresserez ensemble. Comprenez-vous? Quoi que vous fassiez, vous le faites pour le bénéfice de vous deux, de la *totalité* de votre être.

Je viens de partager avec vous une grande connaissance. Mais cet enseignement ne s'arrête pas là; il prendra encore plus d'ampleur dans les jours à venir. Vous vous trouverez poussés vers la maîtrise de vous-même — parce que tel sera votre *vouloir!*

La connaissance qui vous aurait pris des vies entières à accumuler, vous la gagnez en quelques instants. Je vous en félicite.

Maintenant, allez prendre un repas. Mangez avec appétit et buvez du thé ou de l'eau, pas du lait. Le lait est un aliment excellent et nécessaire mais lorsque vous le buvez en mangeant, votre corps devient léthargique. Je veux que vous soyez bien alertes. Si vous revenez ici en bâillant, il faudra que je vous envoie faire la sieste. Marché conclu ?

L'auditoire : Marché conclu.

Ramtha : Lorsque la pendule marquera une heure et demie, soyez de retour ici. D'accord ?

Contemplez la splendeur de votre être. Bénissez votre nourriture ; elle fera des merveilles pour votre corps. Qu'il en soit ainsi. C'est tout.

Samedi, 11 janvier 1986
Session de l'après-midi

Après le repas, tout le monde est de retour et Ramtha entame la session par un toast.

Ramtha : Au devenir !

L'auditoire : Au devenir !

Ramtha : À la vie ! Pour toujours et à jamais ! Qu'il en soit ainsi !

L'auditoire : Qu'il en soit ainsi !

Ramtha : Savez-vous ce qu'est une session intensive ? Eh bien celle-ci en est une. Plus vous serez ouverts et permettrez, plus vous en retirerez.

Vous voilà confortablement installés, repus et reposés (et même, pour certains, un peu léthargiques) et vous vous demandez : « Est-ce que je fais des progrès ? » Vous en faites, en effet. Il faut embrasser la connaissance avant d'espérer la voir se manifester. Vous êtes des vaisseaux dans lesquels le vin est versé. Lorsque vous déborderez, fervent, velouté, riche, couleur de rubis, votre destinée sera douce, en effet.

Assis où vous êtes, vous absorbez en maîtres. Tandis que certains se démènent pour acquérir célébrité, notoriété et richesse dans leur compréhension limitée, dans leur polarité, il suffit au maître de s'asseoir, d'en contempler seulement le concept et de le ressentir en son âme. Ainsi, il récolte toute la sagesse de l'expérience sans avoir à bouger d'un pouce. Le saviez-vous ?

Un maître peut posséder la sagesse d'une expérience sans avoir à vivre cette expérience sur le plan tridimensionnel.

Vous êtes en train d'embrasser la connaissance, là où vous êtes. Petit à petit, coup par coup, vous la possédez davantage, elle devient en vous une réalité émotionnelle sublime plutôt qu'une philosophie sèche, un concept, une conjecture. Je suis ravi : même ceux parmi vous dont l'esprit est le plus fermé commencent à s'émouvoir. C'est un progrès, une é-vo-lu-tion.

Je vous ai donc dit que chacun de vous avait une âme sœur. Maintenant saviez-vous que votre *chat* possède aussi une âme sœur. Ils ont tous des âmes sœurs. Comment Fido sait-il qu'il appartient à un autre chien ? À quoi reconnaît-il sa propre race ? L'instinct, dites-vous ? Bien entendu, mais d'où lui vient cet instinct ? Il lui vient de la mémoire cellulaire de l'âme. Cette nouvelle déconcertera peut-être ceux qui pensaient que les âmes sœurs étaient exclusivement réservées à la race humaine. Toutes les formes de vie matérielle qui sont sensibles aux énergies négative et positive ont leur opposé. C'est la science de votre plan tridimensionnel.

S'il y a tant à dire sur la passionnante destinée des âmes sœurs, c'est parce que les âmes sœurs partagent et accumulent la totalité des expériences de la vie. Il y a une multitude d'expériences élémentaires qui vous ont touché « personnellement », vous et votre âme sœur, l'autre « vous ». Nous allons fouiller au cœur même de certaines d'entre elles.

Savez-vous qui sont ceux qui ont « traversé » ? Lorsque l'âme d'une femme est dans un corps de femme, les sceaux sont en harmonie les uns avec les autres ; ils sont alignés. Lorsque l'énergie d'un homme est dans un corps d'homme, les sceaux sont alignés et les hormones circulent de façon équilibrée et harmonieuse.

L'humanité, au fil de son rêve et de son drame, a plongé, pour diverses raisons, d'une conscience vierge jusque dans la décadence la plus profonde. L'humanité fut déchue de sa divinité le jour où les hommes déclarèrent que les femmes étaient « sans âme ». Pourquoi les hommes ont-ils fait cela ? Parce qu'en privant les femmes de Dieu, de leur âme, elles perdaient leur pouvoir ; elles n'étaient plus rien ni personne, elles étaient moins que des chiens dans la rue. Les hommes qui ont agi ainsi l'ont fait afin de servir leurs désirs, leurs besoins, leurs appétits et leurs caprices.

Jadis le statut des femmes était égal à celui des hommes. Ils partageaient également le pouvoir. Le roi et la reine se confiaient l'un à l'autre et échangeaient leur sagesse, idées et visions. Mais un jour lointain de votre histoire, un prophète très puissant qui aspirait à un plus grand contrôle sur le peuple déclara, au nom de Dieu, que les femmes étaient sans âme et étaient dès lors subordonnées aux hommes.

Les femmes, au nom de Dieu, durent alors s'abaisser devant les hommes et elles devinrent pareilles à des animaux domestiques. Même les textes sacrés anciens parlent avec éloge de ces hommes « divins » qui possédaient plusieurs femmes, les offraient en cadeau, couchaient avec d'autres femmes afin d'engendrer des fils — et tout cela était considéré « sacré » !

On reçoit plusieurs opinions divergentes quand on demande quel fut l'événement le plus dévastateur de l'histoire de l'humanité. Certes, dans votre histoire récente, des millions d'entités furent tuées par la volonté d'une seule entité. Mais certaines batailles passées dont vous n'avez même pas connaissance furent infiniment plus mortelles. En fait, tous ces massacres réunis ne sont rien comparés à l'ignominie qui causa la « chute des femmes », car c'est à partir de ce moment qu'elles devinrent de simples objets de plaisir pour les hommes. Elles étaient rassemblées comme du bétail dans des harems, vendues aux enchères sur la place publique, parquées sous des tentes de soie orange et jaune. Parmi les criaillements des oies, les relents d'ail, de vieux fromages, de vins aigres et d'excréments de chameaux qui submergeaient les sens, les femmes attendaient devant les hommes attroupés, nues, peintes de henné et de kohl, d'être vendues au plus offrant. C'était chose courante.

Il s'ensuivit que les femmes redoutèrent de donner naissance à des filles parce qu'elles n'étaient appréciées que si elles engendraient des fils. Il fallait des garçons pour alimenter la machine de la guerre. Souvent, lorsqu'une jeune fille de treize ans accouchait d'une petite fille dans une muette agonie, elle devait — afin d'assurer sa propre survie — sacrifier l'enfant en la jetant à la porte de la cité où elle était déchiquetée par les hyènes et les coyotes. Une mort impitoyable, en effet! (N'oubliez pas que l'âme enregistrait chacune de ces émotions.)

Des petites filles de trois ans d'âge voyaient leur pureté brisée par un phallus en marbre afin que le satrape qui les avaient achetées pour son harem puisse les violer plus facilement. Lorsqu'elles commençaient à mûrir, elles s'enroulaient la poitrine pour la dissimuler autant que possible et elles s'épilaient les poils du pubis pour conserver l'apparence d'une enfant. Voyez-vous, dès qu'elles atteignaient l'adolescence, elles étaient considérées comme vieilles et indésirables. Le saviez-vous? Parce qu'on ne voulait pas dans son harem d'une fille en âge de concevoir.

Il n'était pas permis d'éduquer les femmes. Il leur était interdit d'apprendre la science des étoiles, les mathématiques, la physique, la philosophie. Il leur était interdit d'enseigner, de lire les hiéroglyphes, de devenir scribes. Elles n'avaient que le droit de devenir des hétaïres. Savez-vous ce qu'est une « hétaïre »? Vous les appelez des prostituées, sauf que les hétaïres étaient «entraînées» dans l'art de faire l'amour. Saviez-vous que lorsque vous êtes entraînées à faire l'amour, la passion meurt, disparaît de votre âme? Lorsque les femmes devenaient « vieilles » et étaient mises à la rue, leur seule ressource était de se prostituer puisqu'elles n'avaient pas non plus le droit de travailler.

Les femmes étaient à la merci des hommes et c'était une chose tout à fait acceptée. (Mais en vérité, vos mœurs sont-elles si différentes *aujourd'hui*, vous qui « laissez passer » tant de choses?)

Les hommes, eux, possédaient une âme. Ils étaient les élus, les « entités de Dieu » et leur *devoir* était d'alimenter la machine de la guerre. Ils ne pouvaient pleurer sous peine d'être traités de femme — la condamnation la plus *ignominieuse* qui fût! Ils ne pouvaient ni pleurer ni faire preuve de douceur et de tendresse, ils devaient être durs et impitoyables et se comporter en toutes choses comme des hommes.

Les hommes étaient élevés pour devenir guerriers. Quand ils livraient combat, ils ne pouvaient trembler ou montrer de la peur. Leur peur était intense, mais elle était tellement refoulée, qu'ils combattaient comme des chiens enragés — et ils formaient de terribles armées! Et plus ils massacraient, moins grandes étaient leurs chances d'être massacrés à leur tour. C'est pourquoi ils combattaient avec zèle et avec une grande ferveur. (Souvenez-vous, toutes leurs émotions étaient enregistrées dans leur âme.)

Savez-vous quelle était la récompense du guerrier une fois la bataille finie? Les femmes et les enfants. Les viols et les saccages commencèrent ainsi. Les hommes se défoulaient de leurs peurs et de leurs frustrations en explosant sexuellement. Il n'était pas rare qu'une femme se fasse molester par une légion entière, car la *douleur* qu'elle éprouvait décuplait leur plaisir à eux.

(Pousse un profond soupir.) Les femmes perdirent leurs âmes sœurs au moment de leur déchéance parce que les hommes perdirent le droit de ressentir. Ils furent coupés de leurs âmes sœurs en vertu d'une croyance, d'un dogme et de la conscience sociale. Les hommes et les femmes se retrouvèrent alors dérivant dans les flots de la tourmente humaine, coupés les uns des autres, coupés de la réalité de l'autre.

Au fil des vies, à chaque nouveau tour de la roue des incarnations, rien ne se produisit pour améliorer les relations entre les hommes et les femmes, âmes sœurs au niveau de l'âme. Les femmes étaient désormais seules et elles ne comprenaient pas ce qui se passait, car en perdant leur aspect mâle, elles avaient perdu la capacité d'équilibrer leur connaissance. Les hommes étaient isolés des femmes qu'ils ne pouvaient pas comprendre émotionnellement, car ils n'avaient pas le droit de les considérer comme égales. (En ce temps dont je parle, si vous osiez déclarer que telle femme était votre âme sœur, votre égal, vous étiez condamné à mort. Une femme ne pouvait *en aucun cas* être considérée comme l'égale de l'homme.)

Voulez-vous vérifier mes dires? Vous trouverez dans vos bibliothèques des livres d'histoire; allez-y, plongez-vous-y et voyez ce qui se pratiquait alors — et se pratique *encore* à cette heure de votre temps. Il existe des religions qui interdisent aux femmes de prier avec les hommes parce que, selon leurs dogmes, les femmes sont inférieures aux hommes. Elles doivent se couvrir la tête, leur auréole de gloire, pour éviter de « tenter le cœur d'un honnête homme ». Même dans vos sociétés soi-disant sophistiquées, les femmes s'efforcent encore de rétablir l'égalité. Mais enfin, qu'est-ce qui se passe ? Êtes-vous ignorants à ce point ?

Vous ai-je mis mal à l'aise ? Vous devriez l'être !

Il s'ensuivit qu'un grand nombre de femmes en revenant sur ce plan choisissaient de « traverser », de s'incarner dans des corps d'hommes. Pourquoi ? Parce qu'elles voyaient tout l'honneur qui était accordé aux hommes. Elles pensaient que la vie serait tellement plus facile si elles n'avaient pas à faire des enfants, à endurer viols, brutalités et souffrances. En même temps, bon nombre d'hommes, fatigués de la guerre, désireux de savoir pleurer comme une femme, ou bien de se faire entretenir comme une femme pensèrent qu'il serait à leur avantage de revenir dans des corps de femmes. Ils « traversèrent » donc eux aussi. Est-ce que vous comprenez ce qui s'est produit ? Il est vrai que pour vraiment comprendre cette vérité épique de votre histoire, une entité doit au moins savoir qu'elle a déjà vécu plusieurs vies.

Que se passe-t-il lorsqu'une femme, énergie négative, entre dans un organisme mâle dont les sceaux sont faits pour recevoir l'énergie positive ? Que se passe-t-il lorsqu'une entité à l'énergie positive entre dans un corps dont les sceaux sont supposés répondre à l'énergie négative ? Vous avez ce que l'on nomme des « hybrides ». Vous avez la *confusion*.

Alors voici une femme (qui est en réalité un homme) qui se fait molester à l'âge de trois ans — et le molesteur est un autre homme ! Et voici un « homme » qui part au combat et manie le sabre à l'âge de douze ans ; et la petite fille, qui est dans le corps de cet homme, évolue dans son hybridité, développant la poigne de fer d'un homme tout en conservant l'émotivité d'une femme. Le corps est assurément mâle mais l'âme est femelle.

Ceux qui ont « traversé » sont des hybrides. Ils sont souvent attirés vers les entités du même sexe créant ainsi des unions stériles. Et lorsque vous avez l'union d'un homme et d'une femme dont l'un ou l'autre est un de ces hybrides, le négatif se retrouve avec le négatif et le positif avec le positif. Autrement dit, ils se *repoussent* parce que la masse cellulaire ne peut *évoluer* dans de telles conditions.

Que se passe-t-il quand une entité « traverse » mais pas son âme sœur ? L'une s'affaiblit tandis que l'autre se fortifie. Et l'échange d'émotions entre les deux ne se fait plus parce que celui qui a « traversé » est *repoussé* par son âme sœur. La communication n'était déjà pas très bonne, et voilà qu'ils s'éloignent maintenant de plus en plus l'un de l'autre, au lieu de se rejoindre *harmonieusement*.

Et si ce prêtre et ce prophète n'avaient jamais existé ? Il n'y aurait pas d'hybrides, nul n'aurait « traversé ». Il n'y aurait pas de décadence.

Vous savez, vous avez des frères qui vivent loin, très loin d'ici, en d'autres lieux. Et leur intelligence est telle que vous diriez certainement qu'ils sont d'une intelligence « supérieure ». Eh bien non, ils sont tout simplement vertueux. *Vertueux*. Ils ne molestent pas leurs enfants comme cela se fait dans votre société. Quand je dis molester, je ne parle pas que de l'acte physique ; vous n'avez qu'à y penser et le mal est fait dans la réalité.

Quels sont vos fantasmes ? Quels boutons poussez-vous en votre âme pour retrouver la mémoire de ces premiers temps de grands déséquilibres ? Vous n'avez pas vraiment changé. Vous molestez toujours vos enfants. Vous regardez des choses qui illustrent la dégradation de l'innocence. C'est courant chez vous. Vous écoutez de la musique qui est inspirée par la violence sexuelle. Vous dites que les paroles vous échappent ? Vous les entendez ! Votre âme est consciente de *tout*.

Au début de ce plan, la copulation était un acte de passion ; c'était l'aboutissement de la passion. Et passion ne signifiait pas simplement éjaculation ou contractions musculaires de la matrice bien-aimée. Il s'agissait de création ! De pouvoir créateur !

De l'élément créateur! La passion était « Celui qui est », la Pensée sublime en contemplation. Et de cette passion naissait la lumière!

Maintenant, savez-vous en quels termes votre âme pense à la copulation? Elle pense que c'est *laid*. Vous appelez cela le « sexe », et pour vous, c'est laid. C'est un acte déchu. Savez-vous pourquoi certains hommes sont incapables d'avoir une érection sans penser à molester des enfants ou à violer d'autres hommes? Parce qu'ils l'ont déjà fait et la mémoire de cette *violence* sexuelle est la seule chose qui arrive à les exciter. Ils doivent stimuler leur sexualité *artificiellement*.

Hommes, vous déversez votre semence et vous pensez que c'est naturel. C'est aussi naturel que la mort! À chaque éjaculation, votre force vitale se consume peu à peu, répandue sur une terre infertile.

À qui faites-vous l'amour? Pas à votre partenaire puisque vous fantasmez sur quelqu'un d'autre — ou sur quelque *chose* d'autre! Et quand vous faites l'amour à une personne, vous ne couchez pas avec une seule, mais avec trois entités. Vous êtes *quatre* à partager le même lit! *(L'auditoire rit.)* N'oubliez pas les âmes sœurs!

Hommes, vous dégradez vos femmes. Vous les tournez en dérision, vous les ridiculisez. Vous leur dérobez leur vertu comme vous l'avez fait par le passé. Vous regardez des images de femmes nues qui révèlent leurs parties intimes. Ce n'est pas de la passion que vous éprouvez, c'est de la *supériorité*. Et vous pensez que c'est naturel? C'est décadent. Avez-vous déjà imaginé votre mère exhibée dans un de ces magazines? Quant à vos pénis, vous les portez comme des badges! Le pénis fut créé dans le but de placer la semence dans le nid; et sans cela vous ne seriez pas ici aujourd'hui. Il fut créé par de grands dieux qui considéraient le pénis comme un outil sacré de co-création. Et quand je pense que vous avez des commerces spécialisés qui en vendent des imitations...

Hommes, vous fantasmez au sujet de vos pénis, vous les comparez, vous pensez qu'ils sont la mesure de votre virilité. Savez-vous d'où ces idées vous viennent? Elles viennent de votre mémoire de temps très, très lointains. Certes, vous avez vécu maintes et maintes vies depuis : le décor, les temps, les technologies ont changé mais vos pensées sont les mêmes. Vous avez un nouveau corps, mais vous êtes le même parce que vous ne cessez pas de peser sur les mêmes boutons en votre âme, vous ne cessez pas de réveiller en votre âme la mémoire des attitudes décadentes de ce passé.

Vous brutalisez vos enfants. Vous méprisez leur innocence, leur liberté, leur vertu. Cette décadence reflète votre effondrement intérieur, l'effondrement de votre âme divine. À cause de cela, votre cerveau s'atrophie et vous tombez dans la déchéance la plus complète. Vous êtes plus enclins à dépenser votre or pour une chanson qui glorifie la décadence morale qu'à acheter des provisions pour l'hiver qui approche à grands pas. Vous dépensez votre argent pour voir des images animées qui exploitent la décadence et vous trouvez la performance sublime. Cela devrait vous faire pleurer de honte pendant *mille* ans. Vous êtes tombés bien bas, si bas que vous n'êtes même plus sensibles à la vertu.

Si les femmes n'avaient pas été déchues, tout ce dont je viens de parler n'aurait jamais eu lieu, et votre plan connaîtrait depuis longtemps la Supraconscience. Si la déchéance de la femme n'avait pas eu lieu, votre cerveau fonctionnerait dans sa totalité plutôt qu'à un tiers de sa capacité. Il n'y aurait ni maladie, ni vieillesse, car vous seriez hors du temps. Le saviez-vous ? Vos frères, ceux que vous considéreriez comme des êtres supérieurement intelligents, vivent depuis des millions d'années dans le même corps. C'est une vérité.

Vous êtes décadents, vous êtes en train de vous effondrer en votre âme. Lorsque l'hiver se fera sentir, je peux vous assurer que vous tomberez comme des mouches. La Nature élimine tout ce qui va à l'encontre de la continuité, de la vertu et de la pureté de la Vie. La décadence est entrée en lutte contre la Vie. Et croyez-moi, c'est une lutte dans laquelle les forces naturelles de « Celui qui est » prévaudront. Il en sera ainsi.

Hommes, pourquoi êtes-vous si *sexuels* ? Parce que vous ne pensez qu'à ça ! Avez-vous déjà conservé votre semence au lieu de la répandre ? Savez-vous ce que c'est que d'*être* et de permettre à la passion naturelle de vous gagner ? Peu d'entre vous le savent. Vous ne pouvez éveiller cette passion qu'artificiellement, à force de fantasmes de plus en plus violents. Alors vous poussez les boutons, vous enclenchez la mémoire de votre âme et vous revivez le déséquilibre d'autrefois.

Pourquoi les femmes connaissent-elles rarement des orgasmes ? Parce que dans leur âme, l'expression sexuelle évoque violence et lutte pour la survie plutôt que plaisir.

Pendant ce temps, qu'advient-il des âmes sœurs de ceux qui fantasment sur la violence, qui répandent leur semence, qui molestent les enfants et avilissent l'expression sexuelle ? Leurs âmes sœurs ressentent ce qu'ils font et elles le condamnent. Elles ressentent la vérité de ce qu'ils sont et elles les repoussent. Plus vous vous effondrez intérieurement, plus vous vous éloignez de votre âme sœur.

La Nature est en guerre contre tout ce qui méprise la vie. Et cette guerre affectera un grand nombre d'entités, pas seulement celles qui ont « traversé ». Elle affectera aussi les entités qui vivent leur décadence dans le secret de leur être. Ce n'est pas un mal de vivre dans la décadence si telle est la destinée que vous avez choisie. Mais sachez que vous n'êtes pas en harmonie avec le flot de la vie et que vous et vos pareils disparaîtrez de ce plan. Et qui restera-t-il ? Il ne restera que les humbles, les doux et les simples en esprit. *(Levant son verre.)* À la Vie ! Pour toujours et à jamais ! Qu'il en soit ainsi !

L'auditoire : Qu'il en soit ainsi !

Ramtha : Yeshua fils de Joseph, Buddha Amin, Ra-Tabin furent de grands christs. Et chacun déclara : « Bienheureux les humbles, les doux et les simples en esprit, car ils hériteront de la Terre. » Savez-vous ce qu'est un simple en esprit ? Cela ne veut pas dire stupide. Vous ne saviez donc pas que le plus grand génie naît de la simplicité ? *Simplicité.*

Les simples en esprit sont alignés avec toutes choses parce qu'ils ont *l'esprit ouvert.* Ils sont simples. Au lieu de prier dans un temple, ils vont dans la forêt pour contempler la nature à l'aube. Ils dansent sous la voûte étoilée comme le roi et la reine des elfes. Ils sont simples et ils s'aiment assez pour demeurer simples. C'est pourquoi ils seront saufs. La Supraconscience sur ce plan naîtra de leur vertu et de leur simplicité. Cette heure est proche.

Si vous ne vous aimez pas suffisamment pour devenir des entités simples, vous allez mourir. Ainsi en sera-t-il. Vous pouvez toujours trouver des excuses, blâmer le reste du monde pour votre triste sort, mais cela n'y changera rien. Et qui a créé cela ? Vous ! *Vous* avez le dernier mot.

Dire : « Je ne peux pas changer » est une illusion, une dérobade. Vous ne *voulez* pas changer ! Vous souvenez-vous du « vouloir » ? Vous ne voulez pas vous retrouver seuls sans vos « petits amis » et « petites amies ». Vous n'êtes pas prêts à abandonner votre vie décadente. Qu'il en soit ainsi ! Rassurez-vous, vous êtes toujours aimés. Sachez seulement que votre heure est proche. De terribles épidémies semblables à celles du passé ont déjà commencé à ravager votre monde. C'est votre décadence que vous revivez à travers elles. Mais cela n'a pas l'air de vous toucher outre mesure ; vous continuez à stimuler votre décadence par la mémoire de votre âme. Eh bien, cette décadence a atteint son point ultime ; bientôt elle ne sera plus, elle disparaîtra *à tout jamais*. Ce sera une *affaire classée*.

Vous voulez devenir des maîtres ? N'ayez pas peur de changer. Comprenez-vous ? Et n'allez pas me dire que vous n'êtes pas capables ! Je *sais* le contraire ! Le dieu qui est en vous a plein pouvoir sur *toutes choses*, mais vous êtes en train de l'étrangler ! Malgré tout, il est toujours là. Lorsque vous cesserez d'entretenir la mémoire de votre décadence, l'expérience sera enfin complète dans votre âme et elle se métamorphosera en une perle de sagesse. Vous n'aurez plus jamais à la revivre.

Si vous voulez être des maîtres, cessez d'abriter dans votre esprit les pensées qui réveillent la décadence en votre âme. Faut-il que je vous dise quelles sont ces pensées ? Êtes-vous si insensibles que vous ne le sachiez pas ? *Réveillez-vous !* Je vous enverrai des « messagers » qui pousseront tous les boutons de votre âme. Je veux que ces pensées soient devant vos yeux, flagrantes. Qu'il en soit ainsi !

Quant à vous, femmes, tantôt vous aimez/haïssez les hommes. Maîtrisez cela ! Et vous, hommes, aimez/haïssez les femmes. Maîtrisez cela ! Si vous ne pouvez trouver la paix et la joie qu'à l'ombre d'une vieille et grandiose entité appelée arbre, eh bien allez-y ! Pour l'amour de la vie. Est-ce que vous comprenez ? Est-ce que vous m'entendez ? *(L'auditoire demeure bouche bée.)*

Maintenant vous « savez », vous « avez connaissance », vous êtes éclairés. Et ne me dites pas que vous ne pouvez rien changer. *Moi*, je suis en train d'apporter un changement. Un grand changement ! Bientôt je serai considéré comme une entité à la mode et mon nom sera connu de tous. *(Haussant les épaules.)* La belle affaire ! Peu m'importe que les gens connaissent mon nom ; la seule chose qui compte est qu'ils *écoutent et entendent* mon message. Cela sera déjà un grand changement. La connaissance engendre l'illumination.

Cessez tout simplement de pousser les boutons de la mémoire de votre âme. Alors votre âme se cicatrisera et votre lumière pourra peu à peu se déployer. L'amour est en vous, en effet, et il élève la conscience sociale.

Savez-vous dire « non » et continuer votre chemin sans vous soucier de l'opinion des autres ? Savez-vous ce qu'est l'herbe ? Combien d'entre vous savent refuser un joint ? Vous vous justifiez en disant : « Ce n'est pas si mauvais que ça », et puis : « C'est ce qui se fait. » Saviez-vous que vous *détruisiez* votre cerveau ? Savez-vous ce qui se passe au juste quand vous « planez » ? Ce sont vos cellules cérébrales qui meurent et elles sont irremplaçables. Ces cellules n'ont pas la capacité de se diviser et de se reproduire. Lorsque votre cerveau sera complètement détruit, vous ne pourrez plus recevoir l'essence et la pensée du dieu qui vous enveloppe ; vous serez morts dans l'esprit. Chaque fois que vous fumez l'herbe, vous vous suicidez ; vous perdez la capacité d'être heureux parce que les électrums des pensées qui procurent de la joie ne passent plus.

Beaucoup d'entre vous ne savent même pas dire « non » à un joint. Vous ne vous aimez pas suffisamment pour dire non à la décadence, la tête haute, en sachant que votre place est ailleurs. Vous ne pouvez même pas éteindre votre poste de télévision de peur de vous retrouver seuls.

Savez-vous comment vous pouvez connaître une entité ? Regardez ce qu'elle lit, ce qu'elle regarde. Regardez ce qu'elle accroche à ses murs et ce qu'elle range dans ses tiroirs. Pas besoin d'être un médium. Il suffit de *regarder*, et vous saurez où est son âme et de quoi elle est nourrie. Voyez un peu vos propres murs, votre bibliothèque et les images animées que vous regardez. Cela vous dira tout.

Vous savez, il vous est possible de faire l'amour avec la passion et la ferveur des premiers temps si vous êtes attentifs à votre corps et cessez d'essayer de le contrôler. Écoutez votre âme : elle vous dira quand vous serez prêts.

Vous êtes nombreux, hommes et femmes, à être contrôlés par vos reins et votre matrice. L'image que vous renvoie le miroir est votre deuxième passion. L'heure viendra pour chaque entité où ces choses s'effaceront pour ne plus revenir. C'est l'heure où le christ s'éveillera en vous. Plus votre pouvoir s'accroît, plus il monte en vous, de bas en haut ; et plus votre pouvoir monte, plus votre désir, qui est situé dans le premier sceau, diminue. Le célibat ne peut être imposé. Si vous essayez de le forcer, vous ne connaîtrez que la frustration. Le célibat sera pour vous une réaction naturelle lorsque vous vous réveillerez du rêve de la conscience sociale et redeviendrez maîtres de vous-même. Il s'agit en fait d'un transfert de pouvoir. Il s'agit de permettre à la sensation dans vos reins de se diffuser dans tout votre être. Comprenez-vous ?

L'auditoire : Oui.

Ramtha : J'ai une proposition à vous faire, à tous. Vous connaissez ces boîtes que vous appelez « télévisions » et qui recréent le passé sans arrêt ? Que regardez-vous habituellement dans ces boîtes ? Qu'est-ce qui vous *distrait* ? Vos téléromans ? Ah, quelle tragédie ! Drame après drame, coup sur coup, personne n'est jamais heureux là-dedans ! Eh bien, sur mon rocher, je n'avais pas la télévision. Je n'avais pour m'enseigner que le vent, les saisons, les nuits étoilées, la lune et le rire des enfants.

Je ne vais pas vous proposer d'aller vous asseoir sur un rocher. Vos postérieurs ne tiendraient pas le coup. Et que diraient vos voisins ? Mais votre télévision présente des émissions dites « sur la nature », vous les connaissez ? Eh bien j'aimerais que, pendant sept jours de votre temps, vous allumiez vos postes et regardiez la « nature ». Marché conclu ?

L'auditoire : Marché conclu.

Ramtha : J'aimerais que vous voyiez ce qui m'enseigna à connaître le Dieu Inconnu et à me connaître moi-même par rapport à lui. Et si vous craignez de rater vos téléromans, vous n'aurez qu'à consulter un « voyant » pour vous remettre à jour. Mais ça ne sera pas nécessaire ; l'histoire est très prévisible. *(Levant son verre.)* À la Nature ! Et à une nouvelle intelligence. Qu'il en soit ainsi !

L'auditoire : Qu'il en soit ainsi.

Ramtha : L'heure viendra où les hommes et les femmes retrouveront l'harmonie. Cela est certain. C'est la nature.

Je veux vous parler du jugement. Comment faire pour vous abstenir de la décadence sans pour autant juger ceux qui en sont les acteurs ? En *permettant* à tous de vivre leur propre vérité et en les aimant en toute *liberté*.

Dieu, l'Être, ce qui se nomme la Vie, est dans un état d'éternelle permission, n'est-ce pas ? S'il en était autrement, la vie ne pourrait plus être. Donc, Dieu *permet*. Et Dieu n'est ni bon ni mauvais, il *est*. Dieu n'est pas la perfection, parce que la perfection est une limitation ; elle empêche d'évoluer vers l'éternité. Dieu est l'Être dans sa continuité. Il est, simplement, et permet l'existence de toutes choses, car il est toutes choses. L'Être vous permet, vous aime librement afin que vous puissiez exprimer librement ce qu'il est.

Qu'en est-il donc de toutes ces entités qui sont victimes de la guerre de plus en plus féroce entre la décadence et la nature ? Ces victimes des épidémies (SIDA) ? Eh bien, certaines personnes dans les religions proclament, au nom de Dieu, que ces entités sont punies et condamnées.

La religion ne peut exister sans le bien et le mal. (Même si elle passe plus de temps à chercher le mal pour le punir qu'à chercher le bien, la *sagesse*.) Laissez-moi vous dire une grande vérité, en harmonie avec tout ce que je vous ai enseigné : ces entités qui meurent ne sont ni bonnes ni mauvaises ; elles s'expriment, tout simplement, et elles apprennent de cette expérience. Elles ont voulu vivre cette expérience. Elles l'ont choisie et elles l'ont eue. N'est-ce pas assez pour vous de savoir qu'elles ont rabaissé la vie à sa forme la plus basse et que, maintenant, la vie s'est retournée contre elles? N'est-ce pas assez pour vous de les savoir face à une mort certaine, cruelle et humiliante, sans que vous les jugiez en plus? N'est-ce pas suffisant?

Ces entités sont Dieu! Et elles revivront dans un autre lieu, dans un autre temps. Elles ne seront pas tourmentées davantage après la mort. Perdre sa vie est un tourment suffisant.

Dites-moi, si vous deviez mourir demain, est-ce que vous feriez la grasse matinée? Bonne question. Que feriez-vous? Vous vivriez *chaque instant*. Et vous verriez l'aube, qui ne vous avait jamais vraiment intéressé, comme vous ne l'avez jamais vue. De savoir que vous ne la reverrez plus vous ferait enfin apprécier toute sa splendeur.

N'est-ce pas une terrible ironie que la maladie et la mort soient les seules choses qui vous fassent prendre conscience de la vie, votre trésor le plus précieux? *Pourquoi* attendez-vous votre *dernière* heure avant de l'apprécier?

Ces entités comptent les aubes qui restent à leur vie. La maladie progresse lentement afin qu'ils puissent faire le pénible bilan de leur vie et qu'ils puissent trouver la paix en eux-mêmes.

Aimez-les. Ce sont vos frères. Aimez-les! Cela ne veut pas dire que vous devez aller laver leurs plaies. *Respectez*-les. Permettez-leur d'être, sans les juger. Ils sont déjà victimes de leur propre jugement. Comme vous qui serez jugés par vos désirs les plus fous. Car vous *deviendrez* vos désirs. Permettez à vos frères d'être, sans les juger. Ils luttent dans l'espoir de voir le prochain matin alors que vous, vous dormirez.

Je contemple la noirceur de l'esprit et de l'âme de l'humanité, une noirceur si complète qu'il n'y a pas assez de lumière pour y jeter l'ombre d'un espoir — l'ombre d'une émotion fondée sur l'Amour de Dieu. Ces entités qui prétendent aimer Dieu et parler en son nom le font d'une noire manière. Ils condamnent leurs voisins aux feux de l'enfer parce que leurs croyances sont différentes des leurs. Ils sont tellement bornés dans leur polarité qu'il n'y a pas de place chez eux pour « Celui qui est ».

(S'éclaircit la voix puis prend une gorgée d'eau.) Ce n'est pas étonnant qu'il y ait tant d'entités qui ne connaissent pas Dieu, ou qui n'aiment pas Dieu, quand on pense aux dangers dont les menacent ceux qui prétendent représenter Dieu.

(S'éclaircit de nouveau la voix.) Savez-vous quel est ce sceau ? *(Montrant sa gorge.)* C'est le cinquième sceau, celui de l'expression. Lorsque j'emprunte ce corps pour exprimer une grande vérité de l'émotion, ce sceau a tendance à se refermer. C'est ce qu'on appelle « avoir la gorge nouée ». Cela m'arrive donc fréquemment dans ce corps.

Aimez Dieu, la Vie, de toutes vos forces et de toute votre splendeur. Aimez chacun pour son unique vérité. Soyez une lumière pour vous-même. Ne jugez *personne*. Permettez à tous d'être. Réjouissez-vous avec vos enfants et ne les poussez pas à grandir trop vite.

Certains me jugent et me condamnent en tant qu'entité maléfique (mais il est vrai que pour eux, *tout* est maléfique) parce que je m'élève contre les dogmes. Mais j'*aime* ceux qui sont esclaves des dogmes.

Pour vous libérer de la décadence, vous devez vous en distancier brusquement et cesser de la rappeler à la mémoire de votre âme. Vous devez vous aimer vous-même et effacer tous vos jugements. La Vie éliminera tout ce qui n'est pas en harmonie avec votre décision. Soyez compatissant et permettez. Compris ?

L'auditoire : Oui.

Ramtha : Vos rectums n'ont pas été créés pour la relation sexuelle. Votre semence n'a pas été créée pour être versée dans une serviette. Si vous la conservez en vous, vous décuplez votre *pouvoir*. Vos seins n'ont pas été créés pour prouver votre féminité. Ils sont là pour amener vos enfants à la vie.

Femmes, si vous couchez ici et là, vous allez mourir, car l'épidémie vous gagnera très certainement. Hommes, si vous collectionnez les conquêtes, vous allez mourir parce que vous abandonnez votre pouvoir à une illusion.

Réclamez votre vertu. Respectez votre semence et votre matrice. Si vous ne voulez pas vivre la violence, ne fantasmez pas sur la violence, ne la regardez pas, ne la lisez pas. Cela est se distancier. Et cela est s'aimer.

Saviez-vous qu'il ne peut y avoir de guerres sans polarité ? Si quelqu'un soutient que vous avez tort et si vous lui permettez ces accusations, il n'y a pas de guerre, parce qu'il n'y a pas de réaction. Permettez aux gens leur vérité et continuez votre chemin. Cela est agir comme un maître.

Suis-je un moralisateur ? Je suis Dieu ! Je ne suis pas « moral ». Cela voudrait dire que je suis aussi « immoral ». Je suis ni l'un ni l'autre. Je suis !

Il est bon parfois de regarder en arrière et de dire : « Ce que j'ai fait est bien », car c'est ainsi que votre expérience devient sagesse. Toutefois, il est aujourd'hui l'heure d'aller de l'avant dans votre éveil. Votre éveil sonne celui de votre âme sœur. Plus vous retrouvez votre vertu, plus votre âme sœur retrouve la sienne. C'est une réaction naturelle. Et lorsque vous aurez fait le ménage en vous, vous serez prêt pour un grand, un divin événement. Compris ?

L'auditoire : Oui.

Ramtha : Si vous cherchez votre âme sœur en espérant qu'elle vous comblera de joie, vous vous trompez. Une fois de plus, vous cherchez à l'extérieur de vous. L'ultime rencontre est une réaction naturelle qui se produira lorsque vous aurez réalisé votre divinité, vivrez noblement et vertueusement et saurez apprécier chaque matin. Et peut-être un jour découvrirez-vous cette plante magnifique qui s'enroule sur elle-même pour recueillir la rosée du matin. Et si vous êtes patients, vous aurez peut-être aussi la chance d'apercevoir la petite grenouille émerger de la plante. Quelle merveilleuse expérience ! Quelle intelligence !

Je me suis efforcé, au cours de cette session, de vous communiquer une émotion par la parole. Si vous ressentez cette émotion, réjouissez-vous. Réjouissez-vous ! C'est que vous touchez à l'indicible vérité. Si mon patient message a réussi à vous toucher assez pour vous faire réévaluer vos vies, alors cela en aura valu la peine, n'est-ce pas ? Lorsque vous serez maîtres de toutes vos émotions, vous vivrez plusieurs aurores et vous témoignerez d'une ère nouvelle, d'une conscience nouvelle qui méritent d'être vécues.

Et si je vous ai froissés, sachez que vous en aviez besoin.

(Observe les visages sombres de l'auditoire.) Vous savez, *tout* est une illusion ! Vous pouvez changer vos pensées *en un clin d'œil* et le scénario *entier* changera. Saviez-vous cela ? Vous pouvez fermer les yeux et bloquer le soleil. Vous pouvez vous boucher le nez et vous ne sentirez plus le parfum de la rose. Votre *pouvoir* est aussi grand. Pas besoin de miracles pour le prouver ! Vous n'avez qu'à *vouloir*. Et personne ne peut le faire à votre place. La balle est dans votre camp. Si vous manquez de force et avez besoin d'aide, je suis là. Si vous devez écouter ce message *mille fois* avant de l'assimiler, faites-le ! Petit à petit, je vous dépouillerai de votre obstination. Si vous revenez ici, cela ne veut pas dire que vous êtes à ma remorque. De toutes façons, vous ne pourriez me suivre là où je vais ! Si vous le pouviez, vous ne seriez certainement pas ici à cette heure. Si vous revenez, cela veut dire que vous avez soif de connaître. Quel que soit le nombre de fois, quelle que soit la distance parcourue, n'hésitez pas à revenir ! Comprenez-vous ?

L'auditoire : Oui.

Ramtha : Vous savez, lorsque j'en ai eu fini avec le jeu de la guerre, mon armée, elle, voulait continuer à se battre. Savez-vous quel effet cela fait de se trouver seul face à deux millions et demi de personnes ? Je suis resté assis sur mon rocher tandis que mon armée entière se tenait en retrait et parlait dans mon dos. Je suis resté assis au même endroit pendant sept ans. Et pendant tout ce temps, ils me crachaient dessus en secret. À leurs yeux, je n'étais qu'un faible et un lâche. Même les enfants se moquaient de moi. Voilà comment ma propre armée m'a traité — après tout ce que j'avais fait pour eux ! *(L'auditoire éclate de rire.)* Mais c'était bien. Je savais ce que c'est que de vivre dans la conscience sociale ; j'y avais moi-même vécu. C'était du reste moi qui avais façonné la conscience dans laquelle ils vivaient. J'étais le barbare ; ils ne faisaient que suivre mes traces.

Que cela vous prenne sept ans ou cent ans durant lesquels vous ne ferez que vivre et permettre, le jour viendra où vous saisirez tout, où « la lumière se fera ». Et « la lumière se fera » en effet, mais seulement suite à une évolution naturelle. Petit à petit vous grandirez et reprendrez possession de vous-même, morceau par morceau. Votre dépendance face aux autres diminuera peu à peu à mesure que vous grandirez en maîtrise et en puissance et réaliserez qui vous êtes. *Vous êtes tout !* Vous évoluez vers le Tout, vous devenez la lumière. Et vous deviendrez puissant ! Mais si jamais vous usez de votre pouvoir pour assujettir les autres, sachez que je vous écraserai. Compris ?

L'auditoire : Oui.

Ramtha : Cette session fut différente, en effet. Je vous ai enseigné des choses nouvelles que vous n'étiez pas prêts à entendre avant. Mais aujourd'hui vous étiez prêts, vous aviez grandi. Et vous avez grandi non seulement grâce à ce que vous avez entendu mais surtout grâce à ce que vous avez ressenti : l'*émotion* est le meilleur maître ; c'est vous vous enseignant à vous-même.

(S'avance vers la section des « habitués ».) Quant à vous, de ce merveilleux petit groupe, vous êtes rendus au stade du polissage. Depuis notre dernière rencontre, vous avez plongé dans vos pensées et dans vos émotions et vous vous êtes posé plusieurs questions. Certains se sont même révoltés contre moi. Il n'y a aucun mal à cela. Je vous aime toujours. Vous l'avez fait pour soulager la pression que vous ressentez ici. Je ne veux pas que vous participiez à cet enseignement parce que vous êtes contraints de le faire. Participez si vous voulez. Vous pouvez arrêter quand vous voulez. Vous pouvez toujours mettre les freins et rester coincés dans votre décadence. C'est ce que vous avez fait jusqu'à maintenant. Mais si vous *voulez* persister dans cet enseignement, vous filerez tout droit sur l'éternité.

Je vous *aime*. Je vous *bénis*. En participant à cette audience, vous démontrez que vous êtes de grandes entités parce que vous démontrez que vous êtes prêts à vous regarder en face. Je vais vous envoyer une foule de « messagers » qui seront porteurs de joie. Ils rendront hommage à la splendeur de votre être ; ils rendront hommage au succès sans précédent que vous connaî-trez. La lumière qui émanera de vous sera telle que vous la verrez reflétée en tout le monde. Vous qui récoltez la connaissance patiemment, goutte à goutte, bientôt vous la verrez jaillir *à profusion*. Vous allez enfin pouvoir savourer le fruit de votre persévérance.

Pourquoi donc revenez-vous à ces sessions? Seriez-vous masochistes? *(L'auditoire rit.)* Vous revenez ici parce que le dieu en vous *sait* qu'il est plongé dans un rêve. Il se demande : « À quoi rime la vie si ce n'est que douleur et agonie sans fin? » Il sait aussi que la vie dépasse le rêve. Il vous suffit pour la connaître de vous réveiller et de vous dépouiller de vos limitations. À quel prix? Si vous possédez tout l'or du monde et tel est le prix de cet enseignement; n'hésitez pas. Il est bien plus précieux de pos-séder la connaissance qui crée l'or que de posséder l'or lui-même.

Les « messagers » que je vous envoie seront des reflets de vous-même. Vous ne pourriez pas vous rendre dans une exist-ence illimitée sans d'abord vous connaître vous-même.

Qu'y a-t-il au-delà du rêve? Une aventure folle, vierge, semblable au moment où vous et votre âme sœur, entités pures et vierges, vous êtes regardés pour la première fois. Au-delà de la conscience sociale se trouve une conscience vierge, pure, hautement évoluée et progressive. C'est de là que viennent mes « messagers ». Lorsque vous serez prêts à évoluer, à bouger, ils viendront à vous.

Au-delà de la limitation se trouve la joie. Comment l'attein-dre? Je suis le maître du « comment ». Une fois que vous l'aurez trouvée, ce sera à vous de jouer. N'est-ce pas une chose merveil-leuse?

Savez-vous ce qu'est une glissade arrière? C'est ce qui se passe quand vous perdrez confiance en vous : vous glissez en arrière jusqu'à l'endroit d'où vous venez — et vous y restez! Si vous allez de l'avant, vous dépasserez le point de non-retour, tout comme j'ai fait. Compris?

Certains d'entre vous n'ont pas encore tout à fait compris. Il ne s'agit pas d'une course contre la montre; je ne vous demande pas non plus de courir les uns contre les autres. C'est vous qui pensez de cette façon. Vous évoluez individuellement. Individuellement! Ne vous comparez pas à ceux qui, selon les apparences, ont déjà tout compris. Qu'en savez-vous? Vous n'avez aucune idée d'où ils en sont puisque vous n'êtes pas dans leur peau. Ce n'est pas juste de vous juger ainsi. Il n'existe pas un seul être auquel vous pouvez vous comparer. Il n'y a pas un autre « vous » du même sexe. Vous ne pouvez faire le point que pour *vous*-même. *Votre* évolution est directement liée à vos besoins. Vous comprenez?

Quelques-uns d'entre vous pensent encore : « Rien ne marche jamais pour moi. » Qu'il en soit ainsi. Rien ne marchera jamais. Il n'y a pas de mal à cela. Soyez malheureux si tel est votre choix. C'est vous qui êtes à la barre de votre bateau.

Je vous aime. Souvenez-vous de moi lorsque vous serez heureux. *(Scrutant l'auditoire.)* Êtes-vous fatigués?

L'auditoire : Non.

Ramtha : Et pourtant, il y a quelques instants, vous aviez de la difficulté à me répondre. Avez-vous appris?

L'auditoire : Oui.

Ramtha : Avez-vous ressenti, en effet?

L'auditoire : Oui.

Ramtha : Allez-vous désormais être, permettre et aimer librement?

L'auditoire : Oui.

Ramtha (souriant) : Ah! J'aime votre conviction. Vous traverserez une « éclipse », pour ainsi dire, dans le processus d'évolution. La Nature est en train de faire volte-face tout en progressant. Le temps passe très vite. *Moi-même*, j'avance à vive allure. Savez-vous ce qu'est une marche? C'est le mouvement de toute une armée de personnes. Le pas décidé des hommes et des femmes et le martèlement des sabots des chevaux font trembler la terre qui se soulève en un tourbillon de poussière safran pareille à de la poussière d'or. Certains pressent le pas pour joindre la marche. D'autres ne font que la regarder passer. Et pendant qu'ils essaient de comprendre ce qui se passe, la troupe est déjà loin, au-delà de la colline; et tout ce qui reste de cette grande armée est la poussière qui retombe derrière elle et le battement des tambours s'évanouissant dans le lointain.

Le « nouvel âge » est arrivé. C'est l'ère de la *consommation* de la connaissance — pas de la quête, mais de l'*acceptation* de la connaissance. Les croyances limitées n'ont plus leur place à cette heure. Si vous venez ici, je vous enseignerai mais *vous* êtes le dieu. Si vous vous cramponnez à vos préjugés, vos jugements, votre intolérance, si vous restez l'esprit et le cœur fermés, je vous laisserai derrière moi.

Je vous aime. Dites ce que vous voulez de moi, mais épelez mon nom correctement. *(L'auditoire rit.)* Il n'y a qu'un seul Ramtha. Ce que vous pensez de moi importe peu. Ce que vous voyez en moi, vous l'êtes ; car tout est une réalité, *votre* réalité.

Vous êtes venus ici pour voir et écouter une entité *extraordinaire*, une énigme. En participant à cette audience, vous avez repoussé pour la première fois les limites de votre esprit — et vous les avez repoussées encore plus loin en *payant* pour être ici ! *(L'auditoire acclame et applaudit.)* Voilà qui est une grande vérité. Vous entrez sur le chemin de l'illimitation du moment que vous entrez ici. Ceux qui prennent cet enseignement à cœur iront loin, je peux vous l'assurer, car ils ont déjà cessé de lutter ; ils changent et vont de l'avant.

Je ne veux pas que vous me vénériez, jamais ! Si je le voulais, je vous apparaîtrais tel que je suis et je vous intimiderais, très certainement. J'ai choisi au contraire de vous apparaître dans un corps délicat, un corps de femme empli de l'essence d'un homme. Quand vous aurez évolué et maîtrisé ce que j'ai moi-même maîtrisé, quand vous serez devenus des dieux souverains, alors vous verrez et connaîtrez ce que je suis.

Je suis le Ram, je suis un miroir grandiose. Lorsque vous quitterez cette audience, je veux que vous vous vénériez et que vous vénériez le dieu qui est en vous. Où se trouve votre temple ? En vous-même. Vous êtes le plus pur temple de Dieu !

Dans le demain de votre temps, je poursuivrai mon enseignement de la science spirituelle des âmes sœurs. Et surtout, n'en faites pas un dogme ou une religion ; n'exploitez pas cet enseignement, ne vous y cramponnez pas. Ne vous servez pas de cette science pour faire de quelqu'un votre âme sœur. Ce n'est pas juste envers vous-même. Plusieurs d'entre vous ont des conjoints merveilleux. Si vous ne vous ennuyez pas avec eux, ne les quittez pas. Si vous partez en *quête* de votre âme sœur, vous sombrerez dans la démence. Comprenez-vous ?

L'auditoire : Oui.

Ramtha : Nous n'irons pas plus loin ; vous en avez eu assez pour aujourd'hui... Je dis « assez » mais je devrais dire : é-n-o-r-m-é-m-e-n-t ! *(L'auditoire approuve en riant.)* Allez contempler l'émotion que vous avez ressentie au cours de cette journée. Parlez au seigneur-dieu de votre être et écoutez sa réponse. Reposez-vous en ce soir de votre temps. Reposez-vous ! Savez-vous ce que cela signifie ? Ne faites pas la « fête ». Pour absorber ces sessions, vous avez besoin d'un corps reposé. Nourrissez vos corps, baignez-les, reposez-vous, et soyez. Vos rêves seront agités et pourtant votre nuit sera paisible, car le dieu qui est en vous et autour de vous continuera de communiquer cette connaissance à votre âme. Elle pénétrera tous les niveaux de votre conscience. Vous continuerez donc à apprendre même au cours de votre sommeil.

Demain matin, lorsque les cloches sonneront neuf fois dans la vallée, nous reprendrons la session. Qu'il en soit ainsi. *(L'auditoire acclame et applaudit.)*

Vous êtes dignes de toutes les peines ! Je vous aime. Allez et soyez heureux. D'accord ? Qu'il en soit ainsi.

Dimanche, 12 janvier 1986
Session du matin

Les gens ont repris leur place. Ramtha les regarde affectueusement depuis l'estrade puis il se lève et descend se joindre à eux. Il marche lentement, s'arrêtant pour parler à des personnes en particulier.

Ramtha (prenant soin de ne pas marcher sur les personnes assises par terre au pied de l'estrade) : Vous aimez être à même le sol. C'est bien. Ce n'est peut-être pas un tapis persan mais c'est une « surface plane ». Vous pensez que si vous vous approchez, vous y verrez mieux, n'est-ce pas ? Et que si vous y voyez mieux, vous comprendrez peut-être mieux ? Essayez de vous approcher du vent.

(Il fait quelques pas puis s'arrête devant une femme.) Pourquoi cherchez-vous à cacher votre beau visage ? Je ne le vois pas bien. Madame, vous n'avez aucune idée de votre vraie beauté mais vous allez bientôt la découvrir, je puis vous l'assurer.

(Se tourne vers un homme.) Scribe, savez-vous transcrire un sentiment ? Je veillerai à ce que vous sachiez le faire.

(Il s'avance vers un autre homme, le regarde longuement dans les yeux, retourne vers l'estrade pour y cueillir une fleur dans un vase, puis revient l'offrir à cet homme.) Un jour, vous avez offert une fleur à ma fille. Aujourd'hui, je vous offre celle-ci. Lorsqu'elle commencera à se faner, mettez-la à l'abri. C'est un trésor inestimable. Lorsque vous vous sentirez seul, prenez-la et contemplez-la. Elle vous fera penser à votre extraordinaire Ramtha.

(L'homme tente d'exprimer sa gratitude.) Les mots s'efforcent de traduire l'émotion, mais ils ne peuvent jamais vraiment le faire. Vous, maître, vous êtes ce que les mots appellent « l'émotion vivante ».

(Il s'avance vers une dame âgée et admire sa chevelure argentée.) Madame, il y en a qui s'efforcent de dissimuler ces belles mèches argentées. Je suis heureux de constater qu'il y en a aussi qui les portent avec gloire et honneur.

La dame âgée : Merci.

Ramtha : Le blanc est une couleur qui s'accorde avec tout.

(Il s'avance vers une femme au bord des larmes.) Madame, dans quel rêve vous êtes-vous donc plongée pour vous trouver malheureuse à ce point ? *(Baisant ses mains et les serrant contre son cœur.)* Saviez-vous que la joie vous attend au réveil ? Je vous montrerai. Qu'il en soit ainsi.

(Se tourne vers un homme.) Est-ce que vous écoutez cet enseignement ?

L'homme : Oui.

Ramtha : Le *ressentez*-vous ?

L'homme : Oui.

Ramtha : Est-ce que vous comprenez ?

L'homme : Presque tout, oui.

Ramtha : Voilà une réponse honnête. Ce que je suis n'est pas de « l'espace extérieur » ; je suis de « l'espace intérieur ». L'espoir que « le Tout-en-Tout » apporte à l'humanité est d'un seul genre : intérieur. Le chemin qui mène à la connaissance est souvent douloureux mais de cette douleur naîtra la vie. Lorsque vous prendrez conscience de qui et de ce que vous êtes, vous pourrez briser les chaînes qui vous ligotent. Et vous ne les briserez pas dans un accès de folie mais avec grâce. Maître, vous avez appris grandement et vous êtes digne de cette connaissance.

(Il marche lentement vers le fond de la salle et s'arrête devant une femme.) Madame, vous progressez. Vous avez été brûlée, prise dans une bataille furieuse entre la réalité et l'illusion, entre le rationnel et l'irrationnel, et vous vous en êtes tirée solide comme le roc. Je vous aime, maître, car vous avez de la constance. L'heure viendra où vous contribuerez grandement au monde grâce à ce que vous avez appris ici. Il y en a qui portent de longues robes et vont sur la place du marché pour prêcher la parole de Dieu. Mais ils ne la ressentent pas eux-mêmes. Par contre, tout

ce qui est en vous rayonne de lumière. Voilà le vrai message, le véritable enseignement. *(Baisant ses mains.)* Je vous aime.

(Il salue plusieurs personnes sur son passage puis s'arrête devant une jeune femme vêtue d'une belle robe.) De la soie ! C'est ravissant. Magnifique ! *(Baisant ses mains.)* Je vois la nymphe de la nature qui avait peur de la vie : elle s'est métamorphosée en une femme splendide. Voici venue l'ultime et grandiose expérience, en effet !

(S'avance vers une femme âgée.) Petite fille ! Vous ressemblez à une sylphide. *(Baisant ses mains.)* Un jour, en vous regardant dans un miroir, vous verrez que votre image aura changé. Baignée dans une lumière perlée et chatoyante, vous verrez une tendre jeune fille glissant au-dessus d'un champ de chèvre-feuilles et de jacinthes des bois. Et le vent soulèvera sa robe de voile légère et la fera tournoyer doucement. Son visage sera telle une pêche dans tout l'épanouissement de sa beauté. Et là, enchâssés dans le fruit, brilleront deux joyaux d'une couleur incomparable. Ce sont les yeux d'une jeune fille audacieuse, libre et innocente. Vous regarderez cette image avec émerveillement et lorsqu'elle se dissipera, votre propre visage réapparaîtra, celui de votre âge présent. Mais ces précieux joyaux sont les vôtres ! Ils ont les mêmes nuances changeantes, la même incomparable couleur ! Et vous direz : « Quelle expérience sublime ! »

La femme : Merci.

Ramtha : Soyez heureuse d'être rendue au-delà de l'extravagante jeunesse.

(Il retourne s'asseoir et entame la session.) Par le seigneur-dieu de mon être, je vous salue. Je vous aime infiniment.

Si votre monde pouvait concevoir un endroit paradisiaque, un endroit aux nuits captivantes et aux aurores époustouflantes, un endroit où vivraient en paix des entités aux masques de toutes les couleurs ; vous qui êtes devant moi seriez parmi les habitants d'un tel endroit. Vous faites honneur à votre peuple, vous faites honneur au drame humain, en effet. Réjouissez-vous-en avec excès. Vous vous êtes élevés au-dessus des choses mondaines. Et ce que vous avez ressenti dans cette auguste assemblée est ressenti à travers le monde entier.

Regardez-vous. Vous êtes des entités magnifiques et vous êtes dignes de ce message. Vous commencez tout juste à prendre conscience de toute la splendeur de ce que vous êtes. Vous commencez à la ressentir ; je le vois. Si le monde était comme vous, quel endroit merveilleux ce serait, n'est-ce pas ?

L'auditoire : Oui.

Ramtha (lève son verre) : À ce qui *permet* la vie ! À la Vie ! Pour toujours et à jamais ! Qu'il en soit ainsi !

L'auditoire : Qu'il en soit ainsi !

Ramtha : Vos horizons s'élargissent et votre entendement grandit. En effet, vous êtes au seuil du devenir.

Mais revenons au « ménage intérieur » dont j'ai parlé — et dont vous avez tous grandement besoin. Pourquoi est-il si important ? Parce que vous devez le faire non seulement pour attirer votre âme sœur mais pour *vivre. Vivre !* Si la vie ne consistait qu'à courir follement après l'âme sœur, pourquoi donc le grand dieu que vous êtes se serait-il séparé en deux au départ ? Vous vous êtes séparés et vous êtes venus sur ce plan afin de faire l'expérience de ce royaume. Parce que ce royaume *est* le royaume *épique,* l'aventure de l'expression, la manifestation de la Pensée. Vous avez abaissé votre lumière afin de pouvoir sentir la rose, vous prélasser dans l'herbe, tremper vos doigts dans l'eau claire, plonger vos mains dans la terre et la cultiver, cueillir une racine du sol et la goûter, connaître la chaleur du soleil et sentir la brise du soir sur votre peau.

Tels des artistes, vous avez créé ce royaume, et votre œuvre était si admirable que les perles de rosée que vous aviez peintes étaient de vraies perles. Mais quand vous avez tenté de tremper vos mains dans cette eau, vous n'avez touché que la toile du peintre.

Plusieurs artistes aimeraient vivre dans les paysages qu'ils ont peints ; ils aimeraient *être* ce qu'ils ont peint. Leur peinture est un miroir de leurs désirs. Eh bien, votre création était comme une peinture. Vous aviez créé un chef-d'œuvre, mais vous *n'étiez pas* le chef-d'œuvre. Alors votre dieu s'est séparé afin de devenir la polarité de la vie, de devenir la texture de la toile, d'*être* la couleur, d'*être* la rosée.

Les âmes sœurs se lancèrent dans l'aventure de la vie afin de s'exprimer, d'expérimenter toutes ses sensations. Leur exploration du plan tridimensionnel n'était pas une quête l'un de l'autre : ils étaient déjà l'un et l'autre. Ce qu'ils désiraient au plus profond de leur être était de se joindre au tableau et de faire l'expérience de leur création. Lorsque leurs chemins se sont séparés, ils *savaient* qu'ils seraient toujours unis et que leurs énergies positive et négative s'équilibreraient harmonieusement ; ils *savaient* qu'ils partageraient toujours le même esprit-électrum, la même âme-source. Cette connaissance était ancrée en eux, car l'âme, à tous moments, a pleine conscience d'elle-même. Elle sait.

Savez-vous pourquoi vous voulez trouver votre âme sœur ? Parce que vous avez oublié la raison pour laquelle vous êtes ici ! Vous vous êtes coupés de la vraie réalité et vous avez perdu de vue l'essentiel. L'*essentiel* est de vivre !

À présent, vous ne voyez plus les couleurs du colibri...

À présent, pour ne pas vous salir, vous refusez de plonger vos mains dans la terre...

À présent, vous êtes tellement occupés que vous ne prenez pas le temps de contempler le lever du soleil ; vous ne prenez pas le temps de vous enivrer de l'arôme du chèvrefeuille au crépuscule...

Et à présent que vous ne faites plus ces choses, vous cherchez par tous les moyens à sortir de la toile... et à trouver votre âme sœur. Vous pensez qu'elle vous rendra heureux et vous comblera. Mais cette plénitude de vie, vous ne la connaîtrez jamais, maîtres, tant que vous n'embrasserez pas la vie dans sa totalité ! Lorsque vous vous engagerez dans la Vie en laissant derrière les mesquines illusions que vous avez créées, vous évoluerez naturellement vers l'éternité. Vous vivez dans des boîtes carrées bien rangées et vous vous coupez de la vie. Vous avez créé en vous des vides émotionnels. Alors vous cherchez celui ou celle qui pourra les combler. Vous êtes motivés par l'insécurité plutôt que par l'amour de vous-même. Vous ne connaîtrez la plénitude que lorsque vous vous aimerez vous-même pleinement. Saviez-vous cela ?

Vous êtes ici pour vivre, tout simplement. Sans la vie, vous n'auriez aucune raison d'être et vous ne pourriez créer votre destinée à tout instant. Est-ce que vous me suivez ?

L'auditoire : Oui.

Ramtha : Un jour, un homme est venu me demander où se trouvait son âme sœur et je lui ai répondu : « Dans le Vermont. » Alors il est parti en toute hâte et s'est mis à fouiller partout, remuant ciel et terre pour la trouver, y laissant jusqu'à son dernier sou. Et moi, pendant ce temps, je l'ai observé et j'ai ri de bon cœur. Peu de temps après, il est revenu me voir et m'a dit : « Maître, je n'ai pas trouvé mon âme sœur. Peut-être pourriez-vous me donner une adresse précise ? »

« Qu'entendez-vous par adresse ? »

« L'endroit où quelqu'un reçoit son courrier. »

« Ah ! Du courrier. Autrement dit, là où vont les « messagers » » ? »

« Oui, c'est ça. »

Sur ce, j'ai choisi une adresse et je la lui ai donnée. *(L'auditoire et Ramtha rient.)* Je vous avais bien dit que tous les moyens m'étaient bons pour faire comprendre mon message.

En chemin, il fit plusieurs rencontres amoureuses, toutes éphémères, mais à chaque fois il était convaincu, *avant* la copulation, que cette fois-ci serait « la Bonne ». N'est-ce pas inouï comment, une fois l'énergie du premier sceau consumée, les choses peuvent changer ?

Voyez-vous, il est passé complètement à côté du message : son âme sœur, c'était lui ! Il est avec elle à tous moments ! Alors s'il se rend dans le Vermont, bien sûr qu'elle y sera aussi !

Au bout du compte, après avoir dépensé tout son argent et vendu tout ce qu'il possédait, il est revenu me voir et m'a dit : « Ramtha, je ne dois pas m'y prendre comme il faut. »

« En effet. Vous ne vous y prenez *pas du tout* comme il faut. »

« Mais Ramtha, je ne me sentirai jamais complet sans elle. »

« Maître, telle sera donc votre destinée. Vous pouvez partir maintenant. »

Et il est parti. Et il m'a maudi, de loin. Mais vous savez quoi ? Il est ici aujourd'hui.

Un homme : Ouais ! *(L'auditoire rit.)*

Ramtha : Ce que je veux dire, c'est que la vie n'est pas une quête. C'est un présent. Alors cela ne vous avancera à rien de courir après quelqu'un pour combler votre vide et égayer vos jours. Si vous n'êtes pas capables de contempler le lever du soleil ou de danser comme un elfe sous le ciel étoilé, *tout seul,* un autre ne pourra vous aider à le faire. Est-ce que vous saisissez ?

Les âmes sœurs ne se sont jamais donné rendez-vous, car elles *savaient* qu'elles seraient toujours ensemble. Elles savaient qu'à elles deux elles exprimaient, créaient et partageaient toutes les expériences de la vie. Cette vérité, cette connaissance vous a guidés pendant deux millions et demi d'années : jusqu'au moment de la déchéance des femmes.

Plusieurs d'entre vous cherchent désespérément leur âme sœur. Ne comprenez-vous pas que cette quête est un esclavage et une limitation ? *Permettre* à votre âme sœur d'être, c'est vivre de façon illimitée. Comprenez-vous ? Je m'explique : Maintenant que vous êtes *conscients* de l'existence de votre âme sœur (qu'elle vive dans le Vermont ou sur la lune), vous pouvez commencer à *vivre,* à vous dépouiller de vos limitations. Maintenant, votre âme se mettra à vous parler dans son langage, le langage de l'émotion. Mon enseignement ne constitue que le début de ce dépouillement, mais c'est un début qui vous permet au moins de commencer à vivre ; et la vie est la grande récompense. Petit à petit, en vous dépouillant davantage, vous regagnerez votre pouvoir et vous vous rapprocherez de votre âme sœur. Est-ce que vous comprenez ?

L'auditoire : Oui.

Ramtha : Bon, pour ce qui est de regagner votre pouvoir... Il n'y a aucun mal à demander l'avis des autres tant que vous n'oubliez pas qu'il s'agit de *leur* vérité. Si cela vous aide à prendre une décision, faites-le. Mais essayez de vous interroger en *premier.* Vous êtes trop habitués à suivre les directives des autres ; tâchez de trouver la réponse en vous-même et laissez votre âme vous parler.

Femmes, il n'y a aucun mal à peindre votre visage. Cela est beau et vous êtes des artistes. Il n'y a aucun mal à porter des parfums — même s'ils ne sont pas à vous puisque vous devez les acheter. Mais pour *qui* les portez-vous ? Est-ce que vous vous parfumez pour *vous*-même ou pour quelqu'un d'autre. Est-ce que vous maigrissez pour plaire à quelqu'un ? Si vous aimez votre reflet dans le miroir, pourquoi voudriez-vous changer ? Après tout, qui créa cet idéal de minceur ? Vous savez, en temps de famine, les maigrichonnes seraient les premières à mourir. Elles ne tiendraient pas quinze jours. Savez-vous ce qu'est la graisse ? La graisse est une réserve de gâteries dont votre corps n'avait pas besoin quand vous les avez mangées mais qui se révéleront fort utiles si jamais vous deviez faire face à une famine. Votre corps veut se préparer pour l'hiver tandis que vous, vous voulez que l'été dure à perpétuité !

L'essentiel est que vous *vous* interrogiez et que vous *vous* aimiez, car il s'agit de *votre* vie et de *vos* sentiments. De cette façon, vous reprenez le chemin de la liberté. De la liberté ! Vous vous évadez de vos petites boîtes, et vos pensées et votre imagination se tendent vers l'infini. Imaginez ce que votre vie serait si vous n'aviez pas à vous soucier de votre apparence et de l'opinion des autres ! Si vous étiez libres de ces contraintes, vous seriez heureux, je vous le dis. Heureux ! Parce que vous ne feriez plus que ce qui vous apporte de la joie. Et votre âme sœur partagerait cette joie avec vous et s'en trouverait exaltée !

J'essaie de vous faire comprendre que vous n'avez pas besoin d'avoir votre âme sœur à vos côtés pour connaître la plénitude. Est-ce que vous comprenez ?

L'auditoire : Oui.

Ramtha : J'ai enseigné au cours de sessions passées qu'une entité ne pouvait faire son ascension qu'en compagnie de son âme sœur. C'est une vérité. Mais si vous faites votre ascension tout seul, votre âme sœur est quand même avec vous. Car « Celui qui est » est éternel, Il est hors de la portée du temps et de l'espace. Il n'y a pas de séparation. Vous ne faites qu'*un*, dans le *présent.*

Vous êtes, simplement, déjà vous-même. Vous êtes une entité complète. Pourquoi avez-vous besoin de tous ces « messagers » ? Les « messagers » viennent vous révéler vos peurs et vos jugements et ils vous aident à vous en dépouiller ; ils vous aident à vous ouvrir à cette connaissance toute simple. Lorsque les « messagers » seront passés et lorsque la connaissance commencera à se faire en vous, vous discernerez les premières lueurs de votre être illimité en devenir.

Si vous êtes encore résolu à trouver cette pauvre créature, sachez que vous mourrez les mains vides.

Maintenant : la plénitude. Vous faites partie d'un autre « vous » qui s'est embarqué dans la sublime aventure de la vie pour l'explorer, apprendre et s'enrichir. L'âme et l'esprit que vous partagez cheminent ensemble, d'expérience en expérience. Ce que vous ressentez en ce moment, l'autre le ressent. Ce que vous percevez, comprenez et réalisez aujourd'hui, l'autre en a des visions psychiques, des réminiscences ou des impressions de « déjà vu ». Savez-vous ce que c'est ? Par exemple, avoir la vision d'un lieu où vous n'êtes pourtant jamais allé. Si, en visitant les pyramides d'Égypte pour la première fois, celles-ci vous semblent familières, il y a de grandes chances que vous y ayez vécu au cours d'une vie antérieure. Admettons que vous ayez eu, il y a cinq ans, la vision de l'immeuble dans lequel nous sommes aujourd'hui. Vous ne l'aviez jamais vu dans cette vie ; et vous voici ici à cette heure, dans cet immeuble. Comment expliquer la vision d'il y a cinq ans ? C'est que votre âme sœur était ici il y a cinq ans. Vous me suivez ? Vous êtes liés par vos sceaux, par votre âme (qui régit les sceaux) et par le dieu de votre être qui est le même pour vous deux. L'énergie va de l'un à l'autre de cette façon. Vous avez l'un et l'autre un dieu unique.

La connaissance de cette simple science permet de vous libérer de votre insécurité. Vous n'éprouverez plus la nécessité de prouver votre valeur au monde entier en ayant quelqu'un à vos côtés. Vous n'aurez plus jamais la hantise de vous retrouver tout seul.

Lorsque vous prenez conscience de votre âme sœur, vous pouvez faire des choses merveilleuses. Vous pouvez volontairement lui communiquer un sentiment, du genre : « Cher Jean, désolée qu'on n'ait pu se voir ce soir. Je t'aime. Appelle-moi. » (J'ai lu cela dans les notes d'une entité il y a à peine trois jours.)

Vous pouvez communiquer avec votre âme sœur par les *senti-ments* et lui demander de partager sa compréhension avec vous. Elle captera l'émotion et peut-être se laissera-t-elle irrésistible-ment attirer vers un endroit sans savoir pourquoi. Avez-vous déjà été poussé à faire quelque chose sans savoir pourquoi ? C'est souvent parce que votre âme sœur vous le demande. Et une fois l'expérience complétée, vous vous dites : « Bon maintenant je sais, mais je ne vois vraiment pas l'intérêt. » Et votre âme sœur exulte de son côté : « C'est merveilleux ! Je le *ressens* ! Je le ressens et j'en ai la sagesse ! »

Quand vous maîtriserez cette science, vos chemins com-menceront à converger plus souvent, vous vous attirerez mutuel-lement et votre rencontre se fera au centre de vous-même, en un point appelé « étant ». Cet état d'être, d'« étant », est l'accep-tation absolue du dieu total dans le moi total.

Plus vous prenez conscience de votre autre moi, plus l'énergie de vos expériences traverse aisément de l'un à l'autre et plus vous vous rapprochez dans vos formes d'expression. La femme s'aventurera dans l'âme de son âme sœur, ressentira sa masculinité — tout en demeurant parfaitement elle-même — et elle se sentira complète. Elle pénétrera l'âme et son esprit puisera dans les expériences de son âme sœur toute l'émotion dont elle a besoin.

Prenez une femme passive qui possède en elle une grande compassion mais qui manque de force. À n'importe quel moment, elle peut se mettre au diapason de son âme sœur, puiser dans les expériences de son âme et gagner de la force pour elle-même. La femme est toujours une femme, mais à toutes ses qualités s'ajoutent désormais une force nouvelle, une plus grande confiance en soi et un nouvel équilibre. Vous comprenez ?

Prenez un homme qui ne sait pas pleurer, qui est prisonnier de ses émotions, un homme en colère qui souffre sans savoir exprimer sa douleur. En maîtrisant cette science, il peut se rapprocher de son autre moi, de la femme de son être et plonger en elle avec tout ce qu'il est. Il peut plonger dans l'âme et l'esprit de la femme, et y verser mille larmes comme un enfant. Ces larmes seront celles de la peur, de la douleur, de la colère et de la confusion que pendant sept millions et demi d'années il a refoulées et ne s'est permis d'exprimer que sexuellement.

Il se glisse dans la femme et il y trouve la tendresse, la fragilité, la tolérance et les larmes — les larmes *défendues*! —; il y trouve une âme et un esprit qui sont des parties essentielles de sa propre vie. Ensuite seulement, il regagne son propre domaine, soulagé. Les émotions qu'il a vécues sont désormais les siennes. Il a pu les vivre parce que pour la première fois elles lui étaient permises. Dorénavant, il possède non seulement la force d'un homme (d'un homme non violent), mais aussi la tendresse, la douceur et le don de s'émouvoir devant la beauté de l'aube. Il possède maintenant l'émotion, et la connaissance de l'émotion.

Plusieurs hommes comme celui que je viens de décrire sont étiquetés, *à tort*, comme des entités « qui ont traversé ». La vérité est qu'ils sont simplement *alignés*. Quand ils sauront passer outre à l'étroitesse d'esprit de la conscience sociale et s'aimer pleinement, ils réaliseront qu'ils sont déjà entiers. Entiers.

La science des âmes sœurs dépasse les mots; c'est une aventure émotionnelle, un échange de sentiments avec un autre qui est vous. Plus vous connaissez vos émotions, plus votre âme sœur les connaît aussi parce que vous les lui « passez ». Cette « passe », cet accord peut se faire ici même; cela peut se faire où que soit votre âme sœur, car c'est au niveau de la connaissance que cela se fait. Vous recevez l'émotion de votre âme sœur et vous la connaissez. Comprenez-vous?

L'auditoire : Oui.

Ramtha : Les âmes sœurs perdent souvent le désir de copuler avec leur conjoint parce qu'elles ont déjà fait l'expérience complète de leur sexualité. Ainsi, la force qui résidait dans leur premier sceau est libre de s'élever à travers tous les autres sceaux. L'homme, malgré l'amour qu'il éprouve pour sa femme, ne désire plus coucher avec elle. Et la femme ne désire plus coucher avec l'homme bien que son amour pour lui reste inchangé.

La maîtrise de l'expérience sexuelle (et l'éclosion de tous les sceaux) complète le drame humain et permet de devenir christ. Vous ne pouvez pas devenir christ si vous êtes pleins de complexes et de préjugés sexuels. Lorsque vous cesserez d'être gouvernés par vos reins et commencerez à vivre dans l'esprit, dans la totalité de votre être, dans le dieu de votre être, vous arrêterez de juger vos voisins, votre amour sera le même pour tous et votre joie ne cessera de grandir. Pour devenir christ, vous devez accepter, embrasser à la fois le yin et le yang, le positif et le négatif, la masculinité et la féminité en vous. Si vous acceptez, embrassez et aimez tout ce que Dieu est, vous êtes entier, vous possédez le pouvoir d'un christ qui s'éveille. Vous êtes un maître naissant, marchant sur la terre, possédant le royaume des cieux.

Rares, *très rares* sont les âmes sœurs qui se rencontrent sur le plan physique. Elles sont *rarissimes*! Si elles se retrouvent avant de s'être dépouillées de leurs limitations, l'union s'avère *explosive,* car elles doivent affronter d'un coup toutes leurs attitudes limitées. C'est une véritable lutte avec soi-même. Pensez au nombre de fois où vous vous êtes rendu misérable et malheureux. Maintenant, décuplez ce malheur.

Voilà pourquoi il est très peu probable que votre mari, votre femme ou votre amant soit votre âme sœur. Vous pouvez soutenir le contraire si cela vous fait plaisir. Mais de fait, *vous* êtes le conjoint de votre être. Votre âme sœur s'exprime dans l'autre sexe mais elle est en vous. Ses yeux sont vos yeux. Comprenez-vous?

L'auditoire : Oui.

Ramtha (regardant l'assistance affectueusement) : Que de femmes en pleurs!

(Il s'empare de son verre et porte un toast.) Aux cœurs brisés, qu'ils soient moins nombreux!

L'auditoire (en riant) : Aux cœurs brisés!

Ramtha (riant avec eux) : Vous êtes un groupe bien hétéroclite. Je vous aime!

Vous souvenez-vous du chemin du bonheur? C'est *votre* chemin. C'est à *vous* de vous rendre heureux; la seule joie que vous connaîtrez est celle que vous aurez vous-même suscitée. C'est une limitation de désirer vous lier à quelqu'un, mais si vous êtes déjà marié et si cette union vous apporte de la joie, alors restez là où vous êtes. Cette joie est le chemin qui vous mènera à la compréhension de la science de l'âme sœur, et c'est cette joie qui ouvrira la porte au christ en vous.

Vous avez reçu, au cours de ces quelques jours, une connaissance grandiose qui n'avait jamais été enseignée auparavant sur ce plan. Certains d'entre vous pourtant la rejetteront. À votre guise. Mais le jour viendra où vous chercherez à vous la remémorer, car cela sera devenu tout à fait *vital*.

(Aux « habitués ».) J'ai une question à vous poser et j'aimerais que vous y pensiez. Vous regardez quelqu'un et je vous donne le choix : ou vous percevez cette personne comme un être répugnant ou vous la percevez comme un être divin. Et la récompense qui accompagne ce choix est que *vous-même* devenez ce que vous percevez chez l'autre : ou répugnant ou divin. Quel est votre choix ?

Chaque fois que vous voyez chez quelqu'un autre chose que « Celui qui est », vous vous jugez vous-même, vous vous diminuez. Y a-t-il une seule personne au monde qui mérite un tel sacrifice de votre part ? Aviez-vous déjà considéré la question sous cet angle ? Qui donc est digne d'un tel sacrifice ? Chaque fois que vous déblatérez sur les défauts des autres, vous vous perdez vous-même, vous perdez votre pouvoir, car ce que vous percevez en eux est un reflet de vous-même. Les autres sont des miroirs de vous.

Si j'étais à nouveau le Ramtha d'antan, et vous mon ennemi, je pourrais vous abattre en un tour de main parce que vous avez la langue fourchue. Ne saviez-vous pas qu'en agissant ainsi, c'est vous-même que vous piégez. Est-ce que vous m'*entendez* ?

Les « habitués » : Oui !

Ramtha : Vous vous rappelez ce que je vous ai dit à propos de vos jugements ? Que j'allais vous les renvoyer au centuple ? Eh bien, accrochez-vous ! Vous allez les revivre, tous. Amusez-vous bien !

Et n'allez pas croire que je ne vous aime pas. Je vous aime et je vous aimerai toujours. Un jour, vous réaliserez à quel point vous êtes dignes de mon amour. N'est-ce pas merveilleux, tout de même, qu'un être tel que je suis vienne jusqu'à vous et fasse un tel cas de vos vies ? Eh bien, cela en vaudra certainement la peine — quand vous vous réveillerez. Endormis, vous êtes de lourds fardeaux, des poids morts. Mais le jour viendra où vous émergerez du rêve. Bénissez les « messagers » qui se manifesteront. Aimez ces reflets de vous-mêmes : ils font briller votre lumière. Si quelqu'un vous gifle, tendez l'autre joue et dites-lui de frapper encore plus fort. Tous les moyens sont bons pour vous réveiller !

Je suis un maître ferme et résolu, il est vrai. Mais je vous aime comme nul autre ne vous aime. Lorsque vous émergerez du rêve, ce sera à *vous* de jouer. D'accord ? Qu'il en soit ainsi.

Les « habitués » : Qu'il en soit ainsi.

Ramtha (aux « nouveaux ») : Êtes-vous soulagés de ne pas être des habitués ? Nul doute, l'ignorance a ses bons côtés !

(À tout l'auditoire.) Vous êtes mûrs, si mûrs ! La connaissance offre de nombreux présents et vous êtes fin prêts à les recevoir, tous.

Revenons-en aux entités qui s'accrochent à leur malheur. Le problème réside en *elles* et elles peuvent certes y remédier mais à condition qu'elles le *veuillent*. Vous avez la capacité et le pouvoir de tout réussir en cette vie. Il suffit de désirer, par le seigneur-dieu de votre être, et de permettre à votre désir de se manifester. Permettez. Savez-vous ce que « permettre » signifie ? Si vous attendez montre en main, vous risquez d'être fort déçus, car les manifestations n'ont jamais lieu dans des délais fixes ; elles se font hors de l'illusion du temps. Sachez cela simplement et permettez.

Maintenant, j'aimerais vous éclairer sur le processus de la manifestation, en particulier en ce qui concerne les biens matériels.

Avez-vous déjà désiré une chose ardemment seulement pour vous rendre compte, quand vous la possédez enfin, qu'elle vous laisse indifférent ? Les choses matérielles furent créées afin de vous procurer une expérience émotionnelle. C'est dans l'intensité de votre désir, de votre rêve et de votre fantasme, que votre âme recueille l'expérience émotionnelle, pas dans l'objet de votre désir. Lorsque ce désir se matérialise enfin, il ne vous comble pas autant que vous l'anticipiez parce que vous avez *déjà* complété l'expérience, émotionnellement.

Un maître conquiert toutes ses limitations en les confrontant, c'est-à-dire en les reconnaissant, en vivant l'émotion qu'elles suscitent et en les dépassant. C'est ainsi qu'il accumule la sagesse. Quand toutes ses limitations ont été conquises de cette façon, il n'y a plus rien en lui qui le rattache à la conscience sociale. Il est au-delà du point de non-retour parce qu'il est enfin impeccablement *heureux*. Il est pleinement « conscient » et il ne peut plus retourner aux pénombres boueuses de la conscience sociale. Pourquoi? Parce qu'elles n'existent plus.

En formulant un désir par le seigneur-dieu de votre être, vous vous plongez dans l'émotion de votre désir et c'est cela même qui provoque sa manifestation. Lorsque vous réaliserez que vous pouvez posséder ce que vous désirez par la seule émotion de votre désir, sans avoir à en faire l'expérience sur le plan matériel, alors vous recevrez tout ce dont vous avez toujours rêvé.

Vous avez le pouvoir de voir la totalité de vos désirs se manifester. Ce pouvoir vous est inné ; tout comme la réponse à chaque question que vous vous posez est déjà en vous. Interrogez-*vous*, tout simplement. Votre connaissance innée vous éveillera et vous rendra réceptifs à des pensées de plus en plus nobles, votre cerveau s'ouvrira de plus en plus.

Interrogez-vous, interrogez le dieu qui vit en vous et il vous enverra les « messagers ». Il fera tout le nécessaire pour que la réponse vous vienne, émotionnellement. Plus vous vous poserez de questions, plus le dieu qui est en vous vous répondra et vous libérera.

Vous avez tous entendu parler de la « seconde venue du Christ ». Eh bien, la prophétie est vraie. Cependant, il ne s'agit pas du retour de Yeshua fils de Joseph, il s'agit de la réalisation du christ, de l'éveil du pouvoir divin en *chacun de vous*. Ce que je vous ai enseigné est la connaissance même du christ ; c'est la connaissance qui éveille, qui permet d'éclore.

Une grande bataille aura lieu avant que le Christ ne s'éveille en vous complètement. Cette bataille s'appelle l'Armageddon.

Il ne s'agit pas d'une bataille à coups de bombes et d'armes à feu mais d'une grande et *puissante* bataille entre le dieu de votre être et votre ego altéré. C'est une bataille intérieure de laquelle votre christ sortira victorieux. Si votre ego altéré y survivait, alors c'est vous qui péririez assurément. Mais ce serait seulement la mort de votre enveloppe physique.

La seconde venue du Christ sur ce plan est certaine. La plupart des gens n'en sont pas conscients parce qu'ils sont encore prisonniers de leurs dogmes et de l'étroitesse d'esprit de la conscience sociale.

L'Armageddon est le « feu divin » du devenir dont vous ferez tous l'expérience. C'est la bataille avec *soi* qui mène à la glorieuse conquête de soi — l'épanouissement du cerveau et la réalisation du christ. Alors la promesse, l'utopie de la vie éternelle existera. La vie éternelle n'est pas la réincarnation. (La réincarnation n'est que répétition.) La vie éternelle est la vie dans l'éternel présent.

Vous avez tous besoin de faire un grand nettoyage intérieur. La sagesse qui naîtra de cet échange d'émotions entre vous et votre âme sœur aidera à faire ce grand nettoyage en prévision de la manifestation du Christ.

Cet enseignement n'a rien de terrifiant. Ceux qui sont terrifiés ont pris mes mots hors de leur contexte ; ceux-là se sont déjà effondrés intérieurement. Ils vivent dans la peur, ils vivent dans le jugement, ils croient qu'ils sont dans le vrai et que le reste du monde est dans l'erreur. Ceux-là perdront la raison, très certainement. Ils ont besoin de repos mais ils seront de retour dans une vie prochaine.

Si vous considérez cet enseignement dans son ensemble, vous comprendrez qu'il ne vous demande pas de changer votre vie entière. Cet enseignement vous dit tout simplement de vous aimer inconditionnellement et de permettre à vos rêves de se réaliser. À mesure que vous vous élèverez au-delà de vos étroites limites, à mesure que votre divinité s'éveillera en vous, vous commencerez à aspirer à des choses auxquelles vous n'aviez jamais pensé auparavant et vous évoluerez tout naturellement de votre ego altéré jusqu'à la Supraconscience.

Saviez-vous que les deux tiers de votre cerveau sont endormis ? À quoi donc sert votre cerveau ? À remplir l'espace de votre cavité cérébrale et à faciliter la pousse des cheveux ? Votre cerveau *attend* son réveil ! Votre conscience, qui est un microcosme de « Celui qui est », est l'ultime frontière, la grande aventure. C'est en permettant, en aimant et en se dépouillant de ses limites que votre esprit s'éveillera dans la Supraconscience. Et cette heure est imminente sur ce plan. Cette heure est l'utopie. C'est l'heure de la forêt, du pré, du lac. La nature est en train de préparer cette heure pour vous.

Lorsque vous réaliserez, connaîtrez et posséderez tout ce dont je vous ai parlé, vous serez d'intrépides entités, et vous serez *heureux.*

Vous voulez savoir ? Interrogez-vous. Vous voulez découvrir la beauté ? Regardez-vous dans la glace. Vous voulez vivre ? Contemplez l'aube. C'est simple. Qu'il en soit ainsi.

L'auditoire : Qu'il en soit ainsi.

Ramtha : Nous avons fait le tour du sujet et vous êtes arrivés à saturation. Il est temps que ce message soit vécu, réalisé et qu'il devienne une aventure. Si je poursuivais, je ne ferais que me répéter. Un jour, vous reviendrez me voir, car vous serez prêts à faire le prochain pas. Alors nous enchaînerons, et ainsi de suite jusqu'à l'heure où votre esprit sera pleinement épanoui et que vous vous aimerez inconditionnellement. Ce jour-là, vous serez le « dieu homme réalisé ». Vous serez pareil à moi. Compris ? Qu'il en soit ainsi.

L'auditoire : Qu'il en soit ainsi.

Ramtha : Je vous aime infiniment. Je suis le Ram, entité extraordinaire. J'ai vécu il y a longtemps sur ce plan et j'étais le pire des barbares. Mais j'ai cherché le Dieu Inconnu avec vigilance, zèle et patience. Et je suis revenu pour vous dire : « J'ai trouvé ! » *(Tout le monde acclame et applaudit.)* En effet !

Allez et soyez, soyez, soyez, soyez ! Mangez, parlez, assoyez-vous, reposez-vous mais avant tout, *soyez.* Aimez-vous les uns les autres parce que vous êtes ce que vous percevez chez les autres. Et lorsque deux coups sonneront, revenez pour l'heure de nos tendres adieux. Vous êtes arrivés à saturation, en effet! Qu'il en soit ainsi.

L'auditoire : Qu'il en soit ainsi.

Ramtha : Vous êtes aimés infiniment en votre être. C'est tout.

Dimanche, 12 janvier 1986
Session de l'après-midi

Ramtha : En effet, je vous aime !

L'auditoire : Je vous aime !

Ramtha : Il existe au-delà du temps des choses d'une beauté extraordinaire. J'en fais partie. Là, cent ans ne semblent durer qu'un instant. Et il y a des instants qui semblent durer cent ans.

Vous avez toujours eu une vue paradoxale de ce qui se trouve au-delà du temps, de la distance, de l'espace infini et des multiples dimensions. Vous êtes à la fois fascinés et terrifiés par toutes ces possibilités. De fait, il y existe des choses grandioses qui dépassent toutes ces mesures. Là, il n'y a pas de mal, pas de démons, pas d'atrocités. Ces choses ne résident qu'en votre esprit, là où, il est vrai, résident toutes choses.

Pour être avec vous en cette heure, je suis venu d'un lieu lointain, d'un espace qui se trouve « au-delà de l'au-delà », mais qui se trouve aussi ici même, près de vous. Ce lieu porte le nom d'Amour et rien ne peut vous en séparer, ni les multiples dimensions de la vie, ni même la mort. Cet amour est la fibre immortelle dont est tissée la toile de la vie.

Vous m'avez observé et vous avez appris en m'écoutant parler dans ce petit corps qui appartient à une de vos semblables. Vous avez pu me voir et entendre mon message sans être intimidés et c'est merveilleux. S'il en avait été autrement, la plupart d'entre vous n'auraient pas été attentifs, car vous craignez ce qui est au-delà du visible.

Ceci est un miracle, une merveille, assurément. Il n'existe pas et il n'existera jamais une autre entité comme moi sur ce plan. Rares sont ceux qui ont atteint l'état d'être que moi-même j'ai atteint. Grâce à ce miracle, j'ai pu communiquer avec vous et ouvrir votre esprit afin que vous puissiez vivre une aventure extraordinaire dans un lieu extraordinaire ; et vous la vivrez.

Il est doux de penser qu'un tel phénomène ait pu avoir lieu. La famille de ma fille en est encore toute perplexe. Mais un jour, eux aussi commenceront à voir, comprendre et assimiler.

Je suis votre ange invisible. Je suis le vent au sommet de la montagne. Je suis la brise légère au cœur de la nuit. Je vous entends, car dans la continuité du temps, vous n'êtes qu'un instant et je suis aussi cet instant.

Vous vous souviendrez de moi, pour toujours et à jamais, car ce que vous avez appris ces jours derniers sera en vous à tout jamais. Les « messagers » viendront frapper à votre porte pour vous rappeler ce que vous préférerez parfois oublier. Ils seront tenaces. Ils ne vous laisseront pas oublier. Puis le jour viendra où vous dépasserez enfin les limites insensées qui vous empêchent de réaliser le miracle appelé la Vie, la merveille appelée l'Amour et la lumière appelée l'Esprit.

Votre terre est l'émeraude de votre univers. Elle est suspendue dans l'espace tel un magnifique joyau. Elle est la création et elle est l'éternité. Elle est une aventure. Elle est la maison de Dieu. Ne cherchez jamais à lui échapper car c'est l'aventure qui soigne l'âme. Ne prenez jamais une aurore pour un fait acquis. Soyez attentifs au silence, au rythme et à l'harmonie mouvante de la vie.

Lorsque vous aurez dépassé le temps, la distance et l'espace, lorsque vous aurez dépassé ce que vous aurez maîtrisé, le monde entier et tous les éléments qui le composent seront vôtres. Vous *serez* la totalité de ce qui est.

L'hiver permet à la terre de se reposer, de se régénérer. Mais ce qui est dormant, dénué de fruits et de feuilles revivra au printemps.

Certains d'entre vous trépasseront de ce plan bientôt. Ils sont à l'hiver de leurs jours. Mais la promesse du printemps, avec ses fruits et ses fleurs, germe déjà en votre âme et vous vivrez de nouveau.

L'heure viendra où vous confronterez chaque aspect de la vie dans son évolution naturelle et vous posséderez l'esprit de la Vie. Alors vous serez à nouveau maîtres de votre royaume. Et si vous oubliez, si vous en venez à ne plus apprécier la beauté de l'été et la saveur de l'automne, vous aurez une autre chance, vous vivrez à nouveau. Mais tentez de les apprécier *maintenant*! Aimez-les *maintenant*! Ne regrettez jamais de n'avoir pas vécu pleinement parce que ce sentiment vous ligotera à la roue de la réincarnation et vous tournerez sans cesse.

Apprenez à vivre en silence. Écoutez le vent. Ressentez-le! Que vous chuchote-t-il? Quels arômes vous apporte-t-il?

Sans l'aventure que j'ai vécue sur ce plan, jamais je ne serais devenu ce que je suis aujourd'hui. Si ce n'étaient des hivers, aussi rudes qu'ils fussent, jamais je n'aurais désiré le printemps avec une telle ardeur. Et c'est au printemps que j'ai quitté votre plan, après avoir vécu pleinement le cours des instants, des jours et des saisons. J'ai embrassé la Vie et je suis devenu le Dieu Inconnu, qui est la Vie même, l'éternel soutien de toutes vos folies.

J'aime votre plan, je l'aime grandement. *Rien* ne le détruira jamais. Aimez-le et embrassez-le.

Comment vous souviendrez-vous de moi? Par les « messagers »? Non. Vous vous souviendrez lorsque vous trouverez la plante qui dans sa solitude s'enroule sur elle-même pour recueillir la rosée du matin et l'offrir à une petite grenouille. Quand vous verrez cette plante, vous m'aurez trouvé. Lorsque vous sentirez l'air relevé de l'automne, alors vous aurez senti mon odeur. Et la prochaine fois que la lune glissera à travers le ciel de minuit, tirez vos rideaux et laissez rentrer sa lueur. Lorsqu'elle vous effleurera, pensez à moi, car je suis la lueur de la lune.

Beaucoup pensent savoir quel miracle je suis, mais il n'en est rien. Ce que je suis est inexplicable. Soyez-en heureux, car tant que je demeure insaisissable et libre comme le vent, je veillerai à ce que vous trouviez votre chemin. Compris?

Je vous ai enseigné ce que vous étiez venus apprendre; et j'en ai rajouté. Voilà ce qu'on appellerait une bonne affaire.

Je vous aime. Je vous ai toujours aimé et je vous aimerai toujours. Qu'il en soit ainsi. *(Il se lève et s'avance jusqu'au bord de l'estrade. Au pied de l'estrade, se trouvent des tables couvertes de centaines de verres de vin et de jus de pomme.)* Vous avez le choix : il y a le raisin ascendant (j'aime beaucoup moi-même) et la pomme ascendante (délicieux, mais moins à mon goût).

Je vous ai prié de boire l'eau amère purificatrice et vous en avez bu abondamment, à toutes les occasions ! Ce vin représente l'ascension du corps, de l'intelligence et de l'esprit. C'est la reconnaissance de Dieu. C'est un digne élixir.

Nous avons versé le vin. J'ai regardé son visage dans les coupes, et la magie de la vie y est présente. Avancez-vous, de façon organisée, deux par deux, et prenez votre verre puis retournez à votre place et attendez que chacun en ait fait autant. Alors nous porterons un *grand* toast à la Vie. D'accord ?

L'auditoire : D'accord !

Ramtha : Bon, des instructions : les maîtres qui vous ont dirigés et malmenés depuis trois jours [les organisateurs de la session] viendront vous faire signe quand ce sera votre tour. Suivez leurs directives et soyez, je vous prie, courtois et respectueux des autres. Faites en sorte que ce moment soit avec vous pour cent ans. Qu'il en soit ainsi.

(Le vin est servi et les gens ont repris leur place. Ramtha se lève, s'avance vers l'assemblée et lève son verre en direction de la lumière.)

Levez-vous. *(Observant le jeu de lumière dans son verre de vin.)* Des rubis liquides. Aucune autre planète n'en possède. Vous savez maintenant pourquoi je reviens.

(Il entame le toast final et chacun répète après lui.)
Père Bien-Aimé,

Qui est « le Tout-en-Tout »,

Le « Je Suis » que Je Suis,

Qui est appelé la Vie,

Réalise en moi

La plénitude de ce que Je suis.

Ô âme sœur bien-aimée,

Entends-moi à cette heure,

Ce qui est moi

Est ce qui Est.

Écoute mon esprit,

Écoute mon âme :

La Vie est,

Et Je Suis !

Ô Père qui Est,

Ô vie éternelle,

Je suis

Pour toujours

Et à jamais.

À la vie !

(Il porte son verre à ses lèvres et s'arrête pour ajouter...) Allez-y ! *(Et d'un trait, il vide son verre de vin.)* Ahh ! Quel délice ! *(L'auditoire acclame.)*

Vous savez, il y avait du bon dans ma vie de barbare. Pas besoin de serviette, de nappe, de couvert, ou même de table. Un feu, une broche, quelque chose à rôtir et un pichet de bon vin et le tour était joué. Mais vous êtes des gens trop distingués pour vivre comme cela.

Allez et embrassez la vie. Que les bénédictions et les « messagers » — les « miracles de la connaissance » — soient avec vous. Soyez heureux. Le Père, qui est la Vie éternelle, ne désire pour vous que la joie. Alors soyez joyeux. Soyez, permettez et n'oubliez pas. Qu'il en soit ainsi.

L'auditoire : Qu'il en soit ainsi.

Ramtha : Je vous aime. Je retrouverai bon nombre d'entre vous dans le désert et à la montagne et nous y passerons de précieux moments ensemble. Et si vous ne me trouvez pas là, vous me trouverez sur les ailes du vent. Qu'il en soit ainsi.

Appendice

Duvall-Debra
L'histoire du premier dieu qui
devint homme et femme sur Terra.

Je suis Ramtha l'Illuminé, en effet, serviteur de ce qui est appelé le Dieu Tout-Puissant, le Père Bien-Aimé, le Principe Mère-Père, la Source, la Cause, la Force, l'Élément, l'Esprit Divin.

Je suis Ramtha l'Illuminé, serviteur du Christ, gouverneur suprême, créateur suprême, législateur suprême.

Je suis Ramtha l'Illuminé, votre serviteur, mes illustres frères. Car qui êtes-vous ? Vous êtes le Père qui s'imprégna de la Pensée et devint. Par son devenir, il vous engendra tous.

Je suis votre serviteur, vous qui aspirez à savoir qui vous êtes avec une telle ferveur, vous qui êtes la force de la Force ; vous qui êtes le principe de lumière qui *créa* le Principe derrière toutes choses ; vous qui êtes le législateur qui *devint* la loi. Vous êtes l'esprit soufflé dans la réalité. Vous êtes la progéniture du Père, les éléments impulsifs et changeants de la Pensée.

Quelle fut donc au départ la cause de votre séparation ? Je vous aiderai à mieux comprendre.

Lorsqu'un stratum aqueux, un stratum nuageux en provenance de l'Atrium des Constants (le plan où les éléments se formaient) eut entouré le plan Terra, des dieux guerriers du plan Melina vinrent s'installer sur Terra avec une grande excitation. Ils avaient attendu longtemps, sur l'Atrium des Constants, l'abaissement d'énergie qui leur avait enfin permis de s'incarner dans des corps de leur création.

Comme un vent puissant, ils soufflèrent leur exaltation sur les terres et les océans. Et l'arbre grandiose s'inclinait profondément devant la beauté de son créateur.

Ce « vent » se mit à souffler à la fois du nord, du sud, de l'est et de l'ouest afin de diffuser son énergie aux quatre coins du plan où des dieux, regroupés en « colonies d'êtres », ou « Maisons du Seigneur », travaillaient ensemble à l'évolution de l'esprit humain.

Tous les dieux étaient arrivés simultanément sur ce plan, sauf un groupe. Il restait en effet dans l'Atrium des Constants, des entités qui devaient suivre plus tard et devenir les enfants de leurs prédécesseurs.

Les dieux s'installèrent dans les régions de leur choix. En ralentissant leur fréquence vibratoire et en se scindant, ils devinrent des lumières brillantes, plus brillantes encore que le soleil de midi. (On parle dans vos annales de religions anciennes dont les disciples vénéraient l'avènement d'entités de lumière. C'était eux-mêmes qu'ils vénéraient. C'est leur propre histoire que les générations à venir écriraient.)

À mesure que les dieux se contemplaient, ils abaissaient leurs vibrations. Ils passèrent de la splendide pensée-lumière à l'ombre, puis de l'ombre à une masse pesante, une masse très *pesante* sur ce plan tridimensionnel.

Mais ils s'adaptèrent peu à peu à la pesanteur de leur corps et à la lourdeur de ses mouvements ; ils s'acclimatèrent à l'environnement et au climat du pays de leur choix. Ainsi naquirent, simultanément, les cinq grandes « races », comme vous dites, différentes par la couleur de la peau et vivant sur des royaumes qu'elles avaient créés.

Et c'est ainsi que sur Terra commença la première vie d'un homme et d'une femme ; la première existence d'un dieu qui avait abaissé son énergie créatrice et s'était séparé en deux pour s'engager dans l'aventure humaine. Je vous donnerai son nom. C'était son vrai nom et ce l'est encore. (Les entités dont je parlerai ne sont que deux parmi une multitude d'entités qui étaient sur ce plan au même moment.) Ce nom est Duvall-Debra

Badu. Les deux noms signifient qu'il y a union en un, tandis que Badu signifie « essence divine de ».

Duvall-Debra était du genre mâle, de charge électrique positive. Son corps était doté de l'appareil érectile et d'un trésor de semence logé dans ses testicules.

Debra-Duvall, créée par le même dieu, était femme, de charge électrique négative. Son corps était semblable à celui de l'homme sauf qu'elle était dotée de l'œuf — logé précieusement au sein d'une matrice — qui serait fécondé par le trésor contenu dans les reins de l'homme.

Debra-Duvall était et sera toujours l'âme sœur de l'entité appelée Duvall-Debra. Elle était ce que vos scientifiques appelleraient « de charge négative », mais elle n'était en aucune façon inférieure à son âme sœur. Elle était le prolongement parfait de son être. C'est seulement en se divisant en charges positive et négative qu'un dieu peut créer — grâce à la copulation — des corps pour les autres dieux et ainsi contribuer à l'évolution de l'espèce humaine.

Duvall-Debra et Debra-Duvall n'étaient pas vraiment conscients de leur héritage, car lorsqu'un dieu ralentit sa fréquence vibratoire, son mécanisme de pensée s'alourdit et ralentit proportionnellement. Malgré tout, au cours de ces premiers temps sur Terra, dans leur première vie sur ce plan, ils possédaient tous deux une grande maîtrise de la pensée à l'état pur.

Duvall regarda les yeux de Debra et fut ébloui par leur beauté. Duvall ne fut conscient de la splendeur de ses propres yeux qu'au moment où il la vit reflétée dans les yeux de Debra. Laissez-moi vous parler de la couleur de ces yeux ! Les contours étaient d'un blanc éclatant, l'iris était d'un bleu profond comme l'océan et il renfermait un anneau d'or qui se fondait en un anneau couleur noisette. Et là, enchâssée au cœur de l'iris, brillait une pupille parfaite, noire comme jais. Les yeux étaient une merveilleuse, *merveilleuse* création de l'esprit, car ils permettaient au dieu d'apprécier la matière, la Pensée dans sa fréquence vibratoire la plus basse.

Duvall contemplait Debra avec émerveillement, il n'avait jamais rien vu d'aussi beau : ses yeux étaient changeants, parfois le bleu de l'iris se fondait avec le blanc brillant qui l'entourait. Duvall aimait les yeux splendides de Debra (mais il ne connaissait pas et ne comprenait pas l'amour).

La peau de Debra rappelait à Duvall le rayonnement et les teintes de la lumière. (Sur Terra, les couleurs du spectre ne reflétaient plus une pensée élevée mais la pensée « complétée », la pensée à l'état de matière. Et à ce point de vue, grâce à ses vibrations plus lentes, il était aussi le seul plan à posséder des couleurs aussi intenses.)

Le visage de Debra avait la douceur d'une pêche. En touchant son front, Duvall sentit qu'il était ferme et moite. Il vit que ses yeux étaient entourés de cils épais et magnifiques, puis il caressa ses joues, ses lèvres douces et humides, son menton bien dessiné et son cou semblable à une colonne de marbre. Il effleura son épaule modelée et délicate et son bras qui la prolongeait jusqu'au poignet suivant une courbe gracieuse. Et il vit sa main bouger! Il observa ses doigts aux plis délicats et tout au bout, ses ongles roses et splendides. Splendides!

Duvall recula et admira le corps de Debra. En étendant ses bras, il caressa les seins qui se dressaient, fermes, souples et chauds avec sur leur pointe une touche de couleur des plus subtiles. Il admira la perfection avec laquelle la peau délicate de Debra épousait le contour de sa taille.

Duvall s'émerveilla devant cette création tellement belle, douce, aux magnifiques couleurs. Sa main parcourut le galbe de ses cuisses jusqu'à la fossette dans le pli de sa jambe. Il toucha son genou, le point le plus dur de ce membre parfait; puis sa main descendit le long du mollet aux courbes gracieuses jusqu'à la cheville fine et dure. Prenant le pied délicat de Debra entre ses mains, Duvall le fit bouger vers le haut et vers le bas, et il contempla la finesse des os et la couleur subtile des ongles.

Debra contemplait Duvall qui la regardait, émerveillé, et elle vit que sa chevelure reflétait les couleurs de l'automne. Elle s'aperçut aussi que ses propres cheveux les reflétaient aussi, qu'ils étaient de la même couleur.

Debra contempla les yeux de Duvall avec la même fascination qu'il avait éprouvé à regarder les siens. Elle vit que son nez était ferme et allongé, assez large pour permettre à l'air d'y pénétrer abondamment. Duvall respira et elle vit ses narines bouger! Elle regarda ses lèvres fermes, charnues et expressives qui se dessinaient sur une mâchoire large et bienveillante. Son cou était épais, ses épaules carrées; ses solides bras musclés étaient recouverts de poils de la couleur de l'automne qui frisaient et se suivaient en une succession de motifs parfaitement alignés. Elle contempla ses belles mains, longues et larges, et ses ongles durs qui étaient comme la touche finale de cette merveilleuse création.

Debra prit du recul et constata que le large torse de Duvall se gonflait chaque fois qu'il inhalait. Au niveau du cœur, se trouvaient deux mamelons, plus petits et plus plats que les siens mais tout aussi beaux. Le contour de sa taille et les hanches de Duvall étaient plus étroits que celles de Debra. Dans son entre-jambe, elle découvrit la merveilleuse création qui contenait son trésor et l'espoir des générations à venir. Ses jambes étaient musclées, ses genoux larges et fermes, ses mollets solides et ses pieds étaient à la fois longs et larges pour offrir un support solide à cette noble entité appelée Duvall.

Duvall et Debra se réfléchissaient l'un dans l'autre. Ils s'étaient métamorphosés, de dieu en êtres humains, de deux façons tout à fait uniques qui permettaient à l'échange d'expériences sur ce plan d'être aussi grandiose que possible. Ainsi, leurs corps parfaits allaient créer la semence parfaite pour les générations futures.

Mais l'amour?... Une chose doit être d'abord contemplée et réalisée au niveau de la pensée avant de pouvoir être expérimentée et possédée. Avant que le feu de la passion n'atteigne les reins de Duvall et la matrice de Debra, ils s'étaient touchés et regardés. Ils contemplèrent ensuite l'idée de la copulation. Ensuite seulement, ces deux corps splendides de leur propre création s'unirent pour la toute première fois. La semence s'éleva des reins de Duvall et de son appareil érectile et elle pénétra l'œuf de Debra qui était dans le nid de toutes les générations à venir.

Au moment où Duvall relâcha sa semence, il plongea son regard dans celui de Debra et il aima le reflet de lui-même qu'il y vit. Et Debra aima son propre reflet qu'elle vit dans les yeux de Duvall. Lorsque la semence trouva l'œuf, ils formèrent l'image de la perfection que Duvall et Debra avaient vu en eux-mêmes. À cet instant précis, un autre dieu arriva de l'Atrium des Constants. C'était un des dieux qui attendaient là-bas le moment de se séparer en homme et en femme sur Terra.

Duvall dont l'appareil reposait, fatigué, s'allongea au côté de sa femme bien-aimée. En s'aimant lui-même grandement, Duvall aimait tout ce qu'il voyait en Debra. Et Debra aimait Duvall comme elle aimait sa propre personne. Désormais, ils comprenaient ce qu'était l'amour. Ainsi commença l'union de ces deux êtres qui s'appartiendraient pour l'éternité. Leur force de lumière avait créé une force appelée matière, et permis à une nouvelle aventure de naître. Et c'est ainsi que débuta l'union des deux pour l'éternité.

Terra devint un lieu privilégié d'échanges d'idéaux entre les dieux. La mise en œuvre de ces idéaux fit naître plusieurs industries dont la plus importante était celle qui mettait en application la science des déplacements dans l'espace au moyen de la lumière. Celle-ci devint l'usage sur ce plan pour les voyages réguliers et les échanges d'objets. Bientôt, la valeur de ces échanges devint évidente, et Duvall se lança dans sa propre entreprise créative.

Au cours de cette première vie sur Terra, Debra-Duvall donna le jour à une entité dénommée Arius. Arius était la charge positive issue de la séparation d'un grand dieu venu de l'Atrium des Constants. Grâce à l'acte de copulation — unique à ce plan d'existence — Debra et Duvall purent offrir à cet autre dieu le présent le plus splendide qui soit : un corps.

Arius faisait la joie de Debra et de Duvall. Debra le soignait et le portait contre son cœur. L'amour, toujours, régnait. Duvall, entité noble et splendide, était heureux de compter un nouvel ami, d'entretenir une relation de paix avec un nouveau frère, un autre dieu.

Il existait alors entre tous les dieux de Terra une forte compétition. Lorsque les échanges d'idées prirent la forme d'un véritable commerce, les dieux essayèrent de se surpasser les uns les autres. C'est alors que Duvall s'associa à un groupe de dieux dans des entreprises de commerce.

Bientôt, Duvall aspira à réaliser ses idéaux sur le plan matériel de façon plus productive, car d'autres dieux faisaient déjà mieux que lui. Pris dans l'engrenage de la compétition, il passa de plus en plus de temps loin de Debra qui, elle, était occupée à élever et à communiquer avec Arius, un dieu fort remarquable. Souvent elle ouvrait les bras et appelait Duvall, le reflet de son être, dans l'espoir qu'il s'ouvre à son amour et à sa tendresse. Mais Duvall, absorbé dans ses pensées créatives et son désir d'expérimenter toujours plus — désir pur à l'origine — n'entendait pas les appels de sa bien-aimée Debra.

Duvall devint vite un expert en matière d'« échanges » et il développa à cause de cela une attitude de supériorité. Cette même attitude commença à gagner ses camarades, créant ainsi des fossés entre eux — grave erreur, en effet.

Un jour, alors qu'il se livrait à des expérimentations sur la force de la lumière, Duvall aligna son réflecteur de façon inexacte et lorsque le projectile lumineux fut relâché et renvoyé, il transperça son corps avec encore plus de vélocité et d'intensité qu'une épée ou une explosion. À ce moment, le corps mutilé de Duvall connut la mort. Ainsi ce corps, qu'il avait lui-même conçu et créé, fut détruit par sa propre main.

Ce fut la première mort de Duvall sur Terra. Mais même si son corps n'était plus, l'esprit et l'âme de son être qui avaient animé ses yeux bleus et tout son être sublime demeuraient intouchés.

Duvall se trouva pris dans un vide semblable à l'œil d'un cyclone. D'où il était, il pouvait voir l'Atrium des Constants d'où ses chers frères le voyaient aussi. Comme il cherchait à comprendre ce qui s'était passé, il vit son corps gisant sur Terra et il aperçut Debra et son fils Arius. Il appela Debra, puis il appela Arius dont le rire pouvait faire taire le vent, mais ils ne pouvaient l'entendre.

Il les appela et les appela mais en vain. Puis il vit ses camarades et il essaya d'attirer leur attention, mais sans succès. Ils étaient penchés au-dessus de son corps et leurs visages ne reflétaient ni peine ni pitié ; c'était plutôt de la perplexité.

Debra, qui aimait son époux, l'être de son être, connut la douleur et les larmes. Elle invoquait Duvall : « Être de mon être, corps de mon corps, bleu de mon bleu, où es-tu Duvall ? » Et Debra, seule face à la mort du corps, pleura son bien-aimé.

Duvall, qui ne pouvait communiquer avec sa conjointe ou implorer l'aide de ses compagnons, resta lui-même dans la plus complète perplexité. Le vide dans lequel il se trouvait avait été créé par son attitude de supériorité. Il ne pouvait pas rejoindre la Fraternité dans l'Atrium des Constants, car son attitude, qui en avait été une de supériorité sur Terra, se transformerait sûrement en sentiment d'infériorité là-bas.

Par la contemplation, Duvall trouva une issue à sa situation. Il demanda à ses frères de l'Atrium des Constants de mettre fin au vide et à la séparation. « Je vous prie de ne pas pénétrer ce plan à travers la lumière d'Arius » leur demanda-t-il. « Permettez-moi de devenir le fils de mon fils. Je veux renouer avec ceux que je me suis aliénés. »

De bon cœur, les dieux acceptèrent et abandonnèrent le désir qu'eux-mêmes nourrissaient de devenir l'enfant d'Arius. Duvall alors pénétra le spectaculaire champ de lumière de son fils bien-aimé afin de naître à nouveau.

Arius avait atteint sa maturité et commençait à connaître le mouvement des reins. Il chercha le miroir de lui-même, et il trouva une Enchanteresse, une entité belle comme un clair de lune dont la splendeur se laisse découvrir petit à petit.

Arius — que son père bien-aimé encourageait en silence — tomba sous le charme de l'Enchanteresse et il ne désira bientôt plus qu'une chose : être avec elle pour toujours. Il avait trouvé en elle le parfait récepteur. Il avait trouvé la beauté parfaite, celle qu'il aimait par-dessus tout : sa propre beauté reflétée dans une autre entité.

Lorsqu'Arius et l'Enchanteresse s'unirent, ils découvrirent, comme Duvall et Debra, la beauté, l'essence de leurs êtres et ils surent l'exprimer. Puis ils contemplèrent l'idée de l'amour ; et enfin, cette idée devint fertile et ils purent offrir à Duvall la chance de venir à nouveau sur Terra.

Parce que Duvall n'avait jamais été un enfant, il était heureux de participer à la création d'*une autre* entité. Afin de jouir d'une expérience nouvelle et de comprendre à nouveau le sens du partage et de la procréation, il devint l'enfant d'Arius et naquit des entrailles de l'Enchanteresse. Dès lors, il ne se perçut plus comme étant différent ou supérieur à ces entités qu'il aimait, mais comme faisant partie intégrante de leurs vies. (Debra, selon votre appellation des choses, était désormais la grand-mère de Duvall.)

Petit garçon, Duvall aimait sa grand-mère, il aimait sa mère, l'Enchanteresse, et il aimait son merveilleux « fils-père », Arius. Il les aimait d'égal à égal. Il éprouvait un profond respect pour sa grand-mère (qui ignorait qu'il était Duvall) et il partageait sa bonté, son exubérance et sa joie. Il était toujours attentif à ses propos sur la création et sur le commerce, et il apprit grandement d'elle.

Puis sa grand-mère disparut de ce plan. Duvall grandit et devint une entité industrieuse qui se montrait juste et généreuse dans tous ses échanges. Il était arrivé à un certain « équilibre » et ceci lui valut de vivre de longues années. Il ne prit pas d'épouse, il ne plongea jamais son regard dans celui d'une autre entité pour s'y voir lui-même reflété, car son souci premier était de trouver « l'équilibre ».

Puis un jour, en revenant de la place du marché — où tous se rendaient afin d'échanger leurs idéaux de perfection et leurs idées progressives — il rencontra une jeune fille magnifique de quatorze ans d'âge. Elle se rendait justement au marché avec l'intention d'y soupeser l'idée de son mariage prochain avec une entité qui serait parfaite pour elle. Lorsque Duvall s'arrêta pour la regarder, il vit ses propres yeux reflétés dans les siens. La jeune femme dont les cheveux n'étaient plus de la couleur de l'automne mais qui avaient à présent l'éclat du soleil, regarda Duvall à son tour et se vit reflétée en lui. Ainsi, sa bien-aimée lui était revenue, mais il ignorait comment elle l'avait trouvé. Ils s'étaient retrouvés grâce au cheminement de la pensée de Debra.

Une fois de plus, Duvall et Debra s'unirent et de cet amour et de l'acte béni de la copulation naquit une petite fille merveilleuse. Duvall fut fasciné par cette entité de lumière et de beauté qui était le miroir de son amour pour Debra. Elle était plus magnifique que l'Enchanteresse, plus splendide encore que Debra, car elle était le fruit de l'amour le plus grand, l'amour qui a dû chercher sa nouvelle expression.

Petite fille, l'entité avait les cheveux soyeux et plus noirs que le ciel de minuit. Lorsqu'elle soulevait la tête, ses boucles folles et légères retombaient gracieusement sur ses épaules. Ses yeux étaient d'un bleu profond comme l'océan, d'un bleu qui dépasse toute imagination. Ils étaient si extraordinaires que le reste du monde s'effaçait devant leur beauté. Aux yeux de Duvall, la petite fille était la perfection même et il l'aimait profondément, tout comme il aimait Debra. Et il la regarda grandir avec un plaisir immense, s'épanouir en une jeune fille splendide.

À l'âge de quatorze ans, elle était déjà dans tout l'épanouissement de sa beauté et de sa féminité. Ses seins avaient mûri, son teint était éclatant et ses yeux étaient emplis d'émerveillement et d'audace. Duvall réalisa que le moment était venu pour sa fille bien-aimée de penser à l'époux de son être. Mais lorsqu'elle rencontra l'heureux élu, Duvall éprouva, pour la première fois, de la jalousie. Sa possessivité fut telle qu'il s'opposa à leur union. La jeune fille rit de son père bien-aimé : elle savait que son père était le même homme passionné et résolu qui avait désiré pour elle un époux tout aussi passionné. Et elle l'avait trouvé.

Finalement Duvall accepta qu'ils se marient mais à la condition qu'ils vivent avec Debra et lui. Mais cet homme splendide, ce dieu qui aimait la fille de Duvall avait déjà préparé un royaume rien que pour elle et il déclina cette offre « généreuse ».

Duvall, dans sa colère, menaça l'homme, saisit sa fille par le bras et l'empêcha de partir. Cette attitude nouvelle qu'elle découvrait à son père plongea la fille de Duvall dans le plus complet étonnement. Elle regarda son père au fond des yeux et doucement elle retira la main qui lui étreignait le bras et elle dit : « Père, ceci est mon désir. Celui-là est l'homme à qui j'appartiens. Celui-là est ma vie. » Et sur ce, elle rejoignit son homme bien-aimé et ensemble ils quittèrent Duvall.

Duvall fut accablé de douleur. Reverrait-il jamais la splendeur de Debra reflétée dans sa fille ? Et il méprisait celui qui lui avait dérobé son précieux joyau. Debra, merveilleuse Debra, qui comprenait la passion de son mari mais pas sa colère, le supplia de se calmer. Mais Duvall pleura, pleura et pleura.

Cette merveilleuse histoire est véridique. Les entités dont j'ai parlé ont bel et bien existé. Cette histoire est celle des attitudes des hommes qui sont toutes nées de l'amour parfait ; elle raconte comment l'homme les a transformées, en a fait des attitudes limitées.

Duvall en devenant le fils d'Arius et de l'Enchanteresse, maîtrisa en effet son attitude de « supériorité » à l'égard de ses proches. Mais sur le chemin de la vie, il développa de la jalousie et de la possessivité pour sa fille bien-aimée, oubliant qu'elle-même était un être indépendant et divin.

Duvall vieillit et termina les jours de cette vie dans une profonde tristesse. Et il pleura d'avoir à revenir une fois de plus. Il dut attendre longtemps après la mort de tous ses proches — y compris celle de sa fille bien-aimée qui mourut victime de ses propres attitudes — avant de se réincarner sur Terra. Et son histoire a continué et continué, et elle continue encore à cette heure.

Est-ce que Duvall est venu à bout de ses attitudes limitées ? Il s'y est efforcé sincèrement. Mais il s'est laissé emprisonner dans des illusions mesquines et des désirs limités et ceux-ci lui ont valu dix mille trente morts sur ce plan.

La jalousie, l'envie, la haine, le mépris, la guerre et le jugement constituent, en gros, les attitudes limitées de l'homme. Et c'est l'amour qui les a toutes fait naître. Mais tant que l'homme s'accrochera à ces attitudes mesquines au nom de l'amour, il devra périr dix mille trente fois avant d'un jour, peut-être, aimer comme Dieu aime. Alors, il pourra enfin retourner à l'Atrium des Constants et de là, aller jusqu'à la Pensée pure.

Vos enfants n'ont pas été créés de vos reins et de votre matrice. Ce sont de grands dieux auxquels vous offrez l'opportunité, grâce à l'acte de l'amour — ou de la luxure — de se compléter, de progresser et de devenir des lumières pour le monde. Leurs esprits ne vous appartiennent pas et ils ne vous appartiendront jamais. Et vous ne perdez pas vos enfants. Vous êtes ensemble depuis toujours, vie après vie. Duvall ne perdit jamais sa fille. Dans ses vies suivantes, elle fut sa mère, sa sœur, sa grand-mère, son grand-père, son ennemi, son souverain, son serviteur et son ami.

Vous ne perdez jamais rien. Si vous aimez librement, vous gagnez tout, y compris la chance d'aller de Dieu à homme — pour explorer les illusions de la pensée limitée — et de retour à Dieu dans toute sa gloire.

Vous êtes et serez toujours Dieu ! Ceci est une vérité. Vous êtes toujours la Source. Et pourtant vous ne cessez de détruire vos vies par votre étroitesse d'esprit ; et vous ne cessez de revenir, vie après vie, en vous efforçant toujours d'être meilleurs. Maîtres, n'*essayez* pas d'être meilleurs. Vous *êtes déjà* meilleurs ! Il y a une grande différence entre les deux phrases, je vous assure.

Prenez le temps de contempler vos jugements et vos choix. Prenez le temps d'évaluer vos attitudes envers les autres. Et voyez si l'obsession du moment mérite que vous y passiez encore dix mille vies. Si oui, je vous souhaite d'apprécier l'éternité.

Je suis Ramtha l'Illuminé, maître sublime, entité de grand savoir, l'amant de tous vos êtres. Considérez ce que je viens de vous confier et que cela vous enrichisse. Que la paix et la joie soient avec vous. Ceci est la saison de votre renouveau. Réjouissez-vous-en. Qu'il en soit ainsi.

TABLE DES MATIÈRES

Ce livre est imprimé sur
du papier contenant plus
de 50% de papier recyclé
dont 10% de fibres recyclées.

Achevé Imprimerie
d'imprimer Gagné Ltée
au Canada Louiseville